AF372092

Scrinium

Preziosità letterarie
proposte da Giorgio Bárberi Squarotti
N. 8

ASCANIO PIGNATELLI

RIME

A cura di Maurizio Slawinski

Edizioni R E S

© Edizioni Res Torino
Prima edizione Marzo 1996
ISBN 88-85323-22-7

INTRODUZIONE

Ascanio, Ascanio è morto, in picciol vaso
    Del gran poeta inceneriscon l'ossa,
    A sì grave di morte aspra percossa,
    D'ogni suo pregio il mondo orbo è rimaso.
Tu, cui di Pindo il Coro, e di Parnaso
    Febo soggiace, ahi come in nera fossa
    Tua luce d'ogni honor vedova, e scossa
    Seco non chiudi in sempiterno Occaso?
Ma s'egli è ver, che la tua mano, e l'arte
    Dar può salute altrui, come non fue
    Presta a campar da morte il sacro ingegno?
Forse invidia portaste a le sue carte,
    Che sai ben tu, se l'alte note sue
    Parer fean spesso il tuo cantar men degno.

Così Giovan Battista Marino, in morte di Ascanio Pignatelli, suo primo protettore dopo la 'discacciata' dalla casa paterna, in uno degli ultimi sonetti scritti per essere inclusi nella prima edizione delle sue *Rime* (1602)[1]. Che l'encomio dovesse qualcosa a questo debito è probabile, ma sia la tempestività con cui Marino, ormai lontano da Napoli, dava voce alla propria ammirazione, sia l'enfasi insolita con cui onorava le virtù poetiche dell'illustre defunto, attestano non solo il debito, ma l'importanza riconosciuta all'aristocratico dilettante. Tra i personaggi ricordati nella sezione delle *Rime* riservata ai temi "lugubri", infatti, solo due sono i letterati, e l'altro – tra principi, cardinali, gentiluomini, nobildonne, giovinetti, una non meglio identificata "sua donna", e perfino un cagnolino – è Torquato Tasso. Per uno scrittore così attento a dosare i complimenti ai poeti confratelli come il Marino, e alla luce dell'insistenza dei letterati

1 – GIOVAN BATTISTA MARINO, *Rime, Parte I*, Venezia, Ciotti, 1602, p. 171.

napoletani sulla loro fratellanza con il Tasso, tale accoppiamento non poteva essere del tutto fortuito.

Proprio accanto al grande Torquato Pignatelli aveva compiuto il suo esordio poetico, quando, studenti ambedue a Pádova, contribuirono prima alla collezione di *Rime* in morte di Irene di Spilimbergo curata nel 1561 da Dionigi Atanagi, poi (e fu per ambedue la vera prima uscita nel bel mondo delle lettere) a quelle *Rime degli Accademici Eterei* del 1567 che ospitarono anche versi di Battista Guarini e altri ben nati giovani di belle speranze, da molti indicate come uno dei primi documenti del concettismo[2]. Compagni di studi e di lettere nella Padova del 'filosofo della retorica' Sperone Speroni e dell'aristotelismo eterodosso quindi, ma anche associati idealmente, in quanto tutti e due avviavano così i primi passi verso quella "locuzione artificiosa" di cui per voce di Camillo Pellegrini i letterati napoletani rivendicheranno al Tasso il primato, e a loro stessi l'eredità[3]. Saranno questi i valori (tardo-manieristi o pre-barocchi che si vogliano) a cui si rapporterà l'apprendistato poetico del Marino, come ricorda la biografia letteraria di Francesco Ferrari, che a quello di Ascanio assocerà un altro nome importante per lo studio dell'ambiente partenopeo dell'epoca in generale, e per la lettura del Pignatelli in particolare:

> Vivevano in quel tempo in Napoli tra gli altri più insigni letterati Giulio Cortese e Ascanio Pignatelli, duca di Bisacci, i quali volendo rinnovare la memoria de' secoli felicissimi di Giovanni Pontano e Giacomo Sannazaro e d'altri più famosi di quella età, un'illustrissima accademia instituito avevano, e quivi in nobile esercizio e gareggiamento d'ingegni splendidamente e virtuosamente la vita menavano.[4]

Ecco infatti tracciate le coordinate tra le quali si colloca la militanza letteraria del Pignatelli – la tradizione umanistica partenopea; il tentativo di riforma e rinnovamento del petrarchismo a cui lavorarono a Napoli,

2 – Per i particolari bibliografici di queste e altre edizioni a stampa contenenti opere del Pignatelli, si vedano la Nota bibliografica e le note ai singoli componimenti delle Appendici che seguono il testo delle *Rime*.

3 – CAMILLO PELLEGRINI, *Il Carafa, overo dell'epica poesia*, pubblicato in appendice a *Parte delle Rime di Don Benedetto Dell'Uva, Giovan Battista Attendolo, et Camillo Pellegrino*, Firenze, Sermartelli, 1585, ora in *Trattati di Retorica e Poetica del Cinquecento*, vol. IV, a cura di BERNARD WEINBERG, Bari, Laterza, 1972, pp. 307-344.

4 – FRANCESCO FERRARI, *Vita del Cavalier Marino*, pubblicata in appendice a GIOVAN BATTISTA MARINO, *Strage degli innocenti*, Venezia, Scaglia, 1633, e ora in MARINO, *Lettere*, a cura di Marziano Guglielminetti, Milano, Einaudi 1966, pp. 623-638.

sulla scia del Tasso, quasi tutti i letterati della sua generazione; le riflessioni teoriche del Cortese e di altri appartenenti all'ambiente dell'Accademia degli Svegliati; il debito del Marino (tacciato addirittura dallo Stigliani di aver rubato ad Ascanio numerosi sonetti) – così come la documenta il non amplissimo, eppur denso e variato canzoniere (123 sonetti, 4 canzoni e 2 madrigali, più una decina di altre composizioni non incluse nelle *Rime* così come vennero pubblicate, vivente l'autore).

Eppure, questa produzione tra manierismo e barocco, tardo umanesimo platonizzante e riforma cattolica, continuò a raccogliere plausi anche tra le generazioni successive, dal Seicento classicista all'Arcadia. Valga per tutti ciò che di lui scriveva a fine secolo il Crescimbeni nella sua *Istoria della volgar poesia* (1698):

> De' pochi seguaci del Petrarca rimasi, uno de' principali fu il Nobilissimo Ascanio Pignatelli Principe Napolitano, alla cui felicissima casa ha sempre l'Altissimo largamente benedetto. [...] Ma non mai più che a questi giorni [...] che da essa ha scelto Iddio il suo Santissimo Vicario in Terra [...] Antonio Pignatelli, ora Innocenzo XII [...] Ascanio [...] Letterato di tanto valore, e pregio, che dalle sole Liriche Muse, colle quali egli conversò, fu dichiarato intendentissimo delle più gravi scienze, ed ottenne il suo nome l'immortalità. Leggano dunque il celebratissimo suo Canzoniere gli studiosi del bel comporre Toscanamente, e lo venerino, come cosa, rimasa intatta in questo secolo, di quella sapientissima scuola, che il titolo d'Amore fe' guadagnare al secolo antecedente; e riconoscano l'Autore, benché passato dentro il 1600, per uno de' più chiari, nobili Rimatori, che il secolo del 1500 illustrassero, ed ingrandissero.[5]

Le lodi del Crescimbeni, che scriveva a Roma regnante papa Pignatelli, furono sicuramente dovute in parte alla volontà di ossequiare il pontefice (eletto nel 1691), e ad essa è da collegarsi anche l'ultima (terza) edizione delle *Rime* dell'avo, stampata a Napoli da Antonio Bulifon nel 1692. Ma la via seguita dal Nostro, che rifuggiva dagli estremi del concettismo, quale già lo praticavano altri poeti (per lo più settentrionali) della gene-

---

5 – GIOVAN MARIO CRESCIMBENI, *Dell'istoria e ragione della volgar poesia*, Roma, Chracas, 1698, Vol. II, pp. 469-70.

razione precedente al Marino, mantenendosi nei limiti tematico-linguistici del petrarchismo ortodosso, poteva facilmente piacere a chi, seppure timidamente, mirava a riformare la poesia secondo criteri che già (lo si vede espresso con maggior vigore nei coevi Muratori e Gravina) prefiguravano quelli del secolo dei lumi. Perché, oltre a una forte insistenza sul filo logico-sintattico del discorso poetico, qua e là Pignatelli ravvivava il *corpus* delle metafore e similitudini tradizionali con nuove variazioni che traevano ispirazione dallo stesso 'vero di natura' cui (pur tra le numerose leziosità rococò, e con diversi presupposti ideologici) facevano appello anche gli arcadi.

Ma l'apprezzamento del Crescimbeni, e degli altri pochi che sulla sua scia riservarono al Pignatelli menzione onorevole negli annali del petrarchismo, si fondava su un negativo, il suo *non* essere un poeta barocco, se non addirittura su un equivoco. Tratti in facile inganno dalla versificazione elegante e dalla materia tradizionale, ignorarono quegli altri aspetti della sua poesia – la sintassi intricatissima e ambigua, la logica tutt'altro che piana e illuministica, che si nasconde sotto l'apparente impressionismo naturalistico del suo repertorio metaforico – che puntavano proprio verso l'esecrato barocco. Il che forse spiega come, malgrado l'intervento del Custode dell'Arcadia e di uno dei maggiori stampatori-editori di fine Seicento, il tentativo di *revival* non ebbe esito: degli altri cronisti-legislatori settecenteschi delle italiche lettere, nulla dice di lui il Tiraboschi, mentre il Quadrio si limiterà a una brevissima frase riassuntiva del giudizio del Crescimbeni. Nulla ancora dirà (salvo una menzione di quell'indefesso esploratore ed estimatore di antichità storico-letterarie napoletane che fu, nei momenti per lui di svago dai 'grandi sistemi' della critica e della filosofia, Benedetto Croce[6]) l'ottocento patriottico, il novecento idealista prima, storiografico-industrializzato poi. Se si esclude la volonterosa, benemerita ma alquanto ingenua opera di ricerca del 'dilettante' nolano Luigi Ammirati, bisognerà attendere gli anni '70 di questo secolo – effetto tardivo di quel rinnovato interesse per la letteratura tardo rinascimentale e barocca dell'area meridionale che prendeva appunto il via dal Croce – perché Pignatelli venga ripescato dal *mare magnum* dei fondi antichi. Benemerito dell'operazione, Amedeo Quondam, che ne in-

---

6 – BENEDETTO CROCE, *Letterati e poeti in Napoli sul cadere del Cinquecento*, "La Critica", A. XLII, dicembre 1944.

serì una ventina di sonetti nell'antologia di testi manieristi napoletani curata da lui e da Giulio Ferroni, *La locuzione artificiosa,* e gli dedicò alcuni densi paragrafi nel suo studio del manierismo napoletano, *La parola nel labirinto.* [7]

A Quondam dobbiamo il ritratto di un Pignatelli manierista agguerrito, che del petrarchismo accoglie la topica e il linguaggio, ma caricandoli "di elementi dinamici che finiscono col stravolgerne il senso in una direzione lontana dall'ambito teorico ortodosso". Quale sia questa direzione però Quondam stenta ad indicare, perché se da un lato rileva come nel canzoniere del Pignatelli il petrarchismo bembesco platonizzante diventa occasione per una serie di metafore (centrali quelle che descrivono gli occhi della Donna, e i loro effetti) derivate sì per la maggior parte dal repertorio convenzionale, ma sviluppate in senso altamente concettoso (seppur di rado veramente arguto), dall'altro insiste anche sull'equilibrio moderato raggiunto dalle *Rime* in confronto al coevo avanguardismo partenopeo, tendente invece ad esasperare fino alla noia certe figure-forma del petrarchismo. È questa tendenza a un delicato equilibrismo stilistico, tra dettato piano della tradizione alto-rinascimentale e ipertrofica inflazione degli stilemi ad essa connessi (plurimembrazione sintattica, seriazione lessicale) tipica del manierismo napoletano, che Quondam identifica come il fatto centrale delle *Rime.* Equilibrismo, e anche nel complesso equilibrio raggiunto, "dualità temperata", secondo l'elegante formula adottata dal critico per descrivere la forma particolare, moderatamente bimembre, assunta da tali stilemi nella poesia del Pignatelli, che ne risulta sì elevata qualitativamente al di sopra di quasi tutta la scrittura partenopea del trentennio precedente, ma solo per quanto riguarda la maestria della tecnica, la "cura attenta e a volte minuziosa degli elementi formali" per cui il suo canzoniere si rivela "del tutto privo di quelle sciatte cadute che caratterizzano larghe zone di produzione" napoletana tardo-cinquecentesca. Ciò significa sì che nella loro eleganza formale le *Rime* costituiscono "una delle esperienze fondamentali nella formazione stilistica della generazione del Marino". Ma rimangono pur sempre "una delle prove più esemplari della condizione lirica a Napoli alla fine del Cinquecento" in quanto incapaci, a conti fatti, di dipartirsi dal circolo vizioso

---

7 – GIULIO FERRONI e AMEDEO QUONDAM, *La locuzione artificiosa,* Roma, Bulzoni, 1973; AMEDEO QUONDAM, *La parola nel labirinto,* Bari, Laterza, 1975, pp. 91-94 (da quest'ultimo traggo le citazioni riportate nelle pagine seguenti).

del manierismo partenopeo (che in questa lettura il Marino supererà solo staccandosi dal Regno). Perché in fondo, sempre secondo Quondam, s'illudeva Pignatelli di "poter restituire la validità semantica del lessico petrarchistico con una semplice operazione di raddoppio delle parti più propriamente impegnate nella precisazione dei particolari connotativi", atteggiamento che, se poteva "recare testimonianza della condizione di crisi e di trasformazione del linguaggio poetico", non poteva certo comportare quella trasformazione, in quanto il dettato finiva, malgrado tutta la sua eleganza, per girare a vuoto.

Da questo giudizio dovrò in buona parte differire, ma ciò non toglie nulla del suo acume. Il problema non sta tanto nella lettura del Quondam (soprendentemente attenta e precisa se si pensa a quale vasta opera di scavo di una tradizione letteraria dimenticata – migliaia di componimenti tra sonetti, madrigali, canzoni, egloghe e via dicendo – si fosse dedicato), quanto in certi presupposti circa la natura del concettismo, sempre analizzato, dal Croce in poi, in termini di contenuti topici, di repertorio metaforico, più che a livello logico-linguistico, e in altri più recenti intorno alla carriera del Marino, la cui traversata "in mare barocco" si vuole successiva all'apprendistato napoletano, e collegata invece all'esperienza veneto-emiliana. Importa ciò non perché si voglia qui riesumare questo canzoniere napoletano dimenticato in funzione del Marino (anche se pure un giorno ci sarà sì da scrivere un saggio sul rapporto letterario tra i due) ma perché accettando le direttive offertegli dalla critica precedente, Quondam finiva a mio parere per sottovalutare la novità, e soprattutto la capacità innovatrice, della "dualità temperata", sottolineandone gli elementi conservatori, di continuità topica e lessicale, che la legano all'esperienza partenopea precedente, a scapito di ciò che vi è in essa di veramente nuovo in rapporto alle poetiche tardo-cinquecentesche: il suo atteggiamento nei confronti del segno linguistico, e la 'filosofia dell'imitazione' (nel duplice senso aristotelico e ciceroniano) che esso comporta.

Quale fosse questa novità già lo indicava il primo dei due sonetti prefatori della *editio princeps* delle *Rime* del Pignatelli (stampata a Napoli nel 1593 da Colantonio Stigliola, per conto del mercante libraio Giovan Tomaso Todino), inclusi poi anche nelle due edizioni successive. Il sonetto, firmato dall'amico Giulio Carafa, svolge i temi convenzionali e generici di una vena poetica derivata dalle più chiare acque caballine (l'esordio), e di una poesia che quindi supererà anche quella dei cantori di Beatrice e Laura (la chiusa; e se non proprio un *unicum,* la presenza di Dante in un contesto del genere è sufficientemente insolita da essere degna di nota), ma nel mezzo troviamo un cenno critico parecchio più preciso, qualora lo si legga in rapporto alle discussioni di poetica che proprio in quegli anni si svolgevano a Napoli intorno all'ambiente dell'Accademia degli Svegliati:

> [...] con nov'arte finge
> I gran Poemi, e 'l grave e 'l dolce mesce:
> Con nobil meraviglia estolle e cresce
> Lo stile, e di color vaghi 'l dipinge;
> In brevi voci alti concetti ei stringe;
> Armonia disusata indi riesce.

Prescindendo dal significato del riferimento ai "gran Poemi" (non certo un Pignatelli epico andato perduto, ma più semplicemente una generica allusione al suo ruolo di continuatore-superatore della grande stagione poetica rinascimentale), già fornisce un primo parametro critico la fusione dello stile "grave", facente capo al Casa (cui proprio in quegli anni il napoletano Sertorio Quattromani dedicava un commento)[8], e di quel "dolce" rivendicato dalla stessa critica partenopea come vanto particolare della tradizione locale (secondo la direttiva Sannazaro-Tansillo-Tasso). Aggiungasi la meraviglia generata da un'articolazione ardita e complessa ("estolle e cresce Lo stile"), capace di un elegante impressionismo retorico-pittorico ("color vaghi"), sotto le cui "brevi voci" però ("sempre ... significanti ... gravide di sentimento", sentenziava qualche anno prima Camillo Pellegrino fissando i parametri della "locuzione artificiosa"), i più dotti avrebbero potuto meglio apprezzare gli "alti concetti" della filosofia (tema caro quest'ultimo a Giulio Cortese).

Da qui quell'"Armonia disusata" che, senza troppo scomodare gli ideali della *concordia discors* platonico-ermetica, comportava pur sempre una novità nel panorama poetico di fine secolo (anche l'altro sonetto

---

8 – Incompiuto, fu pubblicato solo nel 1694, nell'edizione delle *Rime* di GIOVANNI DELLA CASA stampata a Napoli (guarda il caso) dall'ultimo editore delle *Rime* del Pignatelli, Antonio Bulifon.

prefatorio, più convenzionale e generico nelle lodi, sottolinea "l'armonia [...] nuova e celeste", mentre la lettera "A' benigni Lettori" che li precedeva parlava del felice connubio del "grave, e 'l dolce"). La si potrà facilmente esemplare, scegliendo (quasi) a caso dai primi sonetti della raccolta, il n. XXIII, dove sotto la superficie di un versificare facile e piano, una musicalità 'media' né aspra né sensuale, quale si addice alle lodi di una nobildonna andata da poco sposa a un congiunto, si può osservare tutto l'armamentario sintattico-stilistico del Pignatelli, a cominciare da quel procedere per coppie nominative e descrittive quasi sinonimiche già notato da Quondam:

> [*Alla Signora Duchessa di Nocera Carafa*]
>
> Ben di nome, e di volto illustre, e chiara
>   D'antichi lumi, e de' tuoi proprii splendi,
>   O Sol d'amor, ch'illustri, e non incendi,
>   O fiamma movi pur celeste e cara,
> Donna, ch'unita a beltà somma, e rara
>   Vera honestà via più pregiata rendi,
>   Né scacci lui, ma le sue colpe emendi,
>   Ch'arder da' tuoi begli occhi il mondo impara;
> Ei sol di gloria, e di dolcezza honesta,
>   E di gratie ministro alte, e profonde
>   Virtù ne l'alme, e meraviglie hor desta,
> Che, come stella al suo motor risponde,
>   Hor da te mosso a noi si manifesta
>   Qual dolce effetto di cagion seconde.

Potrà sembrare discutibile, eccessivamente cauta e conservatrice, a proposito di queste coppie quasi sinonimiche, la preferenza data alla interpunzione originale del primo verso, quando parrebbe più 'ovvio' e 'naturale' modernizzare, eliminando le due virgole avanti la *e,* e inserendone una, invece, alla fine. Ma la scelta è strettamente collegata all'organizzazione binaria del verso, più complessa e contraddittoria di quanto non appaia ad uno sguardo affrettato, e coinvolge tutto il senso del sonetto.

L'uso 'medio' cinquecentesco, documentato dalla stragrande maggioranza dei testi poetici a stampa, specie di genere lirico, voleva che non si segnassero le pause di lettura a fine verso, o in coincidenza con la cesura, qualora queste fossero 'deboli', cioè non coincidessero con la fine di una frase dal senso autonomo, in qualche modo compiuto. Al contrario, si insisteva 'meccanicamente' sul porre una virgola prima del relativo o delle congiunzioni (*e/et, che*). A volte questa virgola è fuorviante, interrompe la scansione del verso, o addirittura induce il lettore moderno a fraintendere il senso, e allora andrà sicuramente eliminata. Altre volte, però, è altamente funzionale, in quanto, per esempio, può suggerire una lieve pausa enfatica, contrastiva, o segnalare l'avvicinarsi di un *enjambement,* e qui tutti d'accordo (si spera) a conservare. Ma ci sono qua e là altri casi, più ambigui, dove in gioco sono certe sfumature, e soprattutto un atteggiamento critico da parte di chi legge. L'*incipit* di questo sonetto ne offre una dimostrazione esemplare. Modernizzando la punteggiatura se ne ridurrà il significato a un semplice e generico ossequio, mentre mantenendo quella originale si porrà il lettore davanti a una serie di scelte interessanti non solo per la scansione del singolo verso, ma per la comprensione dell'intero testo. Segnare o non segnare una lieve pausa enfatica che distacchi il "nome" dal "volto", ponendoli in un rapporto in qualche modo antitetico? Leggere tutto d'un fiato il secondo emistichio, o segnare anche qui una pausa (nel qual caso, se ne potrebbe dedurre una *rapportatio* che ricolleghi "illustre" al "nome", e "chiara" al "volto")? O magari addirittura leggerla come pausa più sostenuta, foriera di un *enjambement,* per cui "illustre" si riferirebbe sia al "nome" che al "volto", mentre "chiara" descriverebbe i lumi che seguono (e allora non ci troveremmo più davanti ad una bimembrazione armoniosa, ma ad una forzatura delle convenzioni metrico-sintattiche del petrarchismo che richiamerebbe in versione *soft* certi virtuosismi di Galeazzo di Tarsia)?[9]

Si obietterà che quanto a senso cambia poco, e che comunque la lettura metrica più naturale è quella che segna una pausa vera e propria soltanto a fine verso, con cesura dopo "volto" (un breve iato) e appena un accenno di deliberazione nel distinguere tra i termini delle bimembrazioni. Ma intanto, chi voglia leggere declamando (non importa se ad alta voce o mentalmente) è stato costretto a meditare sulla struttura sin-

---

9 – Per esempio: "Io benedico il dì che 'l cor m'apriste, / Man bianche e molli, e te, veloce e presta / A legarlomi poi, crespa aurea testa; / Occhi e più voi che di bel foco empiste // Questi occhi miei, onde far poi veniste / Che del pianto la torbida tempesta / I vaghi fiori e verd'erbe di questa / Falda di monte rese umidi e triste ..." (Galeazzo di Tarsia, *Rime*, a cura di C. Bozzetti, Milano, Mondadori, 1980, p. 14).

tattica, ad osservare come l'architettura binaria del verso è tutt'altro che semplice e scontata. E accanto a questo piccolo problema metrico-sintattico se ne pone un altro, semantico: che differenza passa esattamente tra "illustre" e "chiara", aggettivi oscillanti ambedue tra la denotazione di un prestigio derivante dallo *status* sociale, e una fama dovuta a qualità individuali? È un dubbio che investe sia il senso particolare di questo sonetto (quanto nelle lodi alla gentildonna è omaggio dovuto al casato, quanto ossequio alle virtù sue proprie, individuali?) sia tutta la pratica del petrarchismo, che esalta le qualità singolari dell'amata, ma il cui scopo ultimo è in realtà quello di celebrare i valori, le virtù, i privilegi e le prerogative di una collettività aristocratica.

In realtà tutto il sonetto si pone come un marchingegno che *sembra* rigidamente grammaticale, *sembra* pacatamente sensato, iscrivendosi quindi nel cerchio della più stretta osservanza poetica (e ideologica), ma che in realtà apre spazi a numerosi interrogativi. Dai sottili *distinguo* dei primi due versi si passa all'arguzia velata, un entimema 'alla rovescia' che contiene *in nuce* tutta la novità dialettica e figurativa del barocco letterario: "illustre", già ripreso nei "lumi" della nobile prosapia che non poco contribuiscono allo splendore solare della gentildonna, si trasforma in un attivo "illustri", che introduce il paradosso platonizzante del fuoco d'amore puro che non brucia. Come spiega infatti il verso successivo, la fiamma che emana da questa donna-sole splendente sia di luce propria che di quella riflessa degli antenati è fiamma quasi divina, purificante, non terrena e carnale. Allo stesso tempo la nuova coppia aggettivale, "celeste e cara", che esprime il complimento, fa eco ai termini precedenti, amplificandoli ("celeste" si rifà semanticamente a "Sole e lumi", che insieme preparano la strada alla metafora 'cosmica' della conclusione, mentre "cara" si adagia sull'omofonia, oltre la desinenza in rima, con "chiara", e punta, con il suo significato secondario di 'preziosa' alla parola-rima successiva, "rara"). Si aggiunga l'assonanza "O sol" / "O fiamma"), tendente anch'essa a sottolineare il groppo semantico che prendeva il via da "illustre, e chiara". Inoltre i due "O" a capoverso, per quanto grammaticalmente diversi, servono a riportare l'attenzione su qualcosa che finora rimaneva tutt'altro che 'chiaro': la natura di questo complesso enunciato, un unico, lunghissimo vocativo, che fa perno sulla "Donna" del v.

5, snodandosi ancora per tutta la seconda quartina in un ulteriore intrico di lodi bimembri: "beltà"/"honesta"; "somma"/"rara"; "rara"/"vera"; "né scacci"/"ma emendi".

È un gioco di armonie, ripetizioni, parallelismi e antitesi che occulta un altro fatto centrale dell'enunciato: il vocativo non porterà mai a un ulteriore sviluppo. L'accumulazione di subordinate, per quanto grammaticalmente giustificate dalla principale con verbo *splendi* del verso 2, non si risolve in una vera e propria clausola principale che abbia per soggetto la Donna, ma scivola, tramite l'introduzione di un non meglio identificato "lui [...] Ch'arder da' tuoi begli occhi il mondo impara", in tutt'altra dichiarazione, che introduce al finale, concettoso, semi-arguto e ambivalente quanto l'apertura. Si intenderà che così come alle origini del movimento della donna-stella si colloca la virtù del 'motore-immobile' causa prima, secondo la cosmologia aristotelica, della rotazione delle sfere celesti (identificato dalla scolastica con la Divinità), ora colui che ama la donna è mosso a sua volta (a celebrare le virtù di lei), rivelandosi "dolce effetto" del suo astro ("cagion seconda", a differenza della 'causa prima', divina, che muove gli astri). La terzina si basa sulla teoria dell'amore platonico più ortodosso, per cui la bellezza della donna è emanazione della divinità, primo passo dell'ascensione dell'anima a Dio, che l'amante impara a riconoscere in lei attraverso il superamento del desiderio carnale. Ma questo "dolce effetto", vale la pena ricordare, la reazione dell'amante che si fa ministro al mondo delle sue "gratie", si identifica con la poesia stessa, dispiegata a destare "meraviglie" anche in chi non la conosca direttamente, attraverso il nuovo moto (appunto di meraviglia) che provoca in lui la lettura di questa e simili laudi. L'elogio cortigiano comporta quindi anche un implicito richiamo al ruolo della scrittura nel pubblicizzare i meriti della donna, nonché nell'amplificare quelli del casato.

In conclusione: è bella e virtuosa la nostra duchessa perché nobile, o nobile perché è bella e virtuosa? E comunque, che cosa varrebbero bellezza, virtù, nobiltà se non ci fosse chi è in grado di riconoscerle, interpretarle, valorizzarle (e magari addirittura inventarle) pubblicizzandole? Il tema iniziale del sonetto, il rapporto tra aristocrazia (nobiltà come fatto sociale) e virtù (nobiltà come fatto individuale) viene a dispiegarsi in un raffinato gioco che confonde e allo stesso tempo sottolinea ciò che, al fin dei conti, è il *clou* dell'occasione: il fatto che simili iperboliche lodi possono avere un significato, un valore, solo in *quella* società, partendo da *quei* valori aristocratici, e in rapporto al ruolo ideologizzante, al comando dei mezzi di persuasione (ma di più, anche dell'alchimia combinatoria dei significanti), del letterato. Non si vuol dire con questo che il 'vero' obiettivo di Pignatelli sia la decostruzione del concetto rinascimentale di nobiltà. Ma che anche in una prova come questa, omaggio cortigiano 'medio', impegnato quanto basta, Pignatelli dimostri chiara coscienza di come il suo ruolo di scrittore necessiti sia dell'osservanza dei giusti riti della sua società, sia di un distacco critico da essi, sì. E si vuol dire che in tale sapiente dosaggio delle tecniche retoriche e poetiche è implicita la consapèvolezza della natura squisitamente artificiosa di qualsiasi atto di comunicazione che voglia veramente essere significante. Perché simili atteggiamenti stilistici sono anche atteggiamenti euristici, e già in questo primo esempio mi sembra ci sia abbastanza per distinguere Pignatelli più di quanto non faccia Quondam dalla folla dei 'manieristi' (partenopei e non), contenti di ripetere meccanicamente i 'tic nervosi' del Petrarca, del Bembo, del Casa. Né si esaurisce certo qui, nella complessità e fluidità dei costrutti, nei bisticci etimologici, nell'arguzia velata degli entimemi e nel gioco di assonanze e omofonie la novità 'tecnica' (e meno che meno quella 'filosofica') della sua poesia. Avendone identificato alcune procedure fondamentali, vediamo ora di approfondire il ritratto.

Si diceva che la scelta di questa prima esemplificazione dello "stile" del Pignatelli è stata compiuta *quasi* a caso. Perché se un testo del genere, ascrivibile alla metà degli anni '80 del secolo[10], ne rappresenta assai bene la fase più matura e complessa, in realtà, anche prescindendo dalla considerazione dei testi non compresi nell'*editio princeps*, le *Rime* manifestano notevoli oscillazioni stilistiche. Pur mantenendosi all'interno della dialettica tra "dolce" e "grave", "color vaghi" e "alti concetti", Pignatelli si avvicina volta a volta alla mesta solennità dellacasiana (si veda per esempio il n. LXXVIII), alla sintassi nervosa oltreché compiaciutamente contorta di Galeazzo di Tarsia (n. XLVI), alla sensualità diffusa che da

---

10 – Per quanto non venisse incluso nella collezione di *Rime et Versi in lode della Signora Giovanna Castriota Carafa Duchessa di Nocera*, Vico Equense, Cacchi, 1585 (dove appaiono invece altri due sonetti di Pignatelli), data quasi certamente allo stesso periodo, o magari è addirittura leggermente posteriore al 1585 (il che ne spiegherebbe l'esclusione dalla silloge).

Tansillo porterà al giovane Marino "marittimo" dell'ultimo scorcio del secolo (n. XLIV), alla semplicità 'originale', armonica e intimista, del Petrarca (n. XXVIII), perfino a certo tono scientifico-didattico dello Stilnovo (n. III). Ma non significa questo incertezza, né tantomeno indifferenza di fronte ai mezzi espressivi reperibili dalla tradizione immediata. Piuttosto, rilevare queste oscillazioni, e la gamma delle influenze in gioco, tra le più cospicue e varie che sia dato trovare all'interno di un canzoniere cinquecentesco, significa segnalare la natura particolare delle *Rime* nel loro insieme, che non mi pare abbia paralleli diretti nella lirica manierista o barocca, per cui sarà opportuno spendere qualche parola sulla loro vicenda editoriale, la forma complessiva sotto la quale si presentano, e la loro cronologia.

La dedica e l'introduzione all'*editio princeps* recano la firma di Giovan Battista Crispo da Gallipoli, giovane provinciale di buona famiglia borghese trasferitosi presto a Napoli (1571) per iscriversi allo Studio, e altrettanto presto coinvolto negli ambienti intellettuali della capitale (già nel 1576 lo sappiamo tutore presso Angelo Di Costanzo, a quel tempo decano dei letterati della città). Personaggio minore, ma non minimo, del manierismo partenopeo, pubblicò qualche poesia nelle antologie del tempo, una serie di orazioni, una *Vita* del Sannazaro e, unico frutto degli interessi teologici e filosofici per cui era noto e stimato dai contemporanei, un volume *De ethnicis philosophis caute legendis disputatio* (Roma, Zanetti, 1594)[11]. Nell'epistola introduttiva "A' benigni Lettori", Crispo ci informa di come

> Queste leggiadrissime Rime [...] tutto, che dal comune consenso de' più intieri giudici della nostra lingua, sieno state in più parti d'Italia celebrate, non mai però hanno potuto esser bastanti a movere il detto Signore, che con suo consentimento si mandassino alle stampe; & ciò doveva egli pur fare, se non per disiderio di gloria, dalla quale egli è tanto per modestia d'animo, & natural bontà lontano, almeno perché non si veggano le sue compositioni, sì come di mano in mano, trasportate, oltre dalla prima sua penna, anco di senso, & di parole: & sonovi hoggimai tanti sonetti di-

11 – Il poco che si sa di questo personaggio è raccolto nella voce redatta da Angelo Romano nel *Dizionario Biografico degli Italiani*.

> spersi, che quasi pochi ne restano nel proprio originale: di
> che essendone io stato buona parte cagione, per haverglimi
> di continuo l'istesso Signor Ascanio confidati nelle mani, né
> havendo io potuto usar discortesia alla richiesta di molti, i
> quali & di presenza, & per lettere potevano comandarlomi,
> perciò pareva che fosse a me richiesto di provedere al dan-
> no, che tuttavia l'istesse compositioni dal cortese mio errore
> hanno ricevuto, & di anteporre alla volontà dell'Autore, la
> stima di lui medesimo. Laonde fattone una raccolta quanto
> ho potuto interamente corretta, deliberai col mandarle fuori,
> prevenire l'ultimo assalto della sua ricusa. Et quantunque
> mi sovenga d'havergli molte fiate promesso altrimente: hora
> spinto dalle sopradette cagioni, & incalzato dal vostro disi-
> derio, pongo a rischio la molta benevolenza dell'Autore ver-
> so me, con ferma speranza, che tosto sentendo egli dal vo-
> stro applauso universale celebrar le sue lodi, non pur ren-
> derasi placato, anzi prenderà in buon senso ciò, che contra
> sua volontà hora di esseguire mi apparecchio.[12]

Ma che fosse proprio così se ne può dubitare.

In primo luogo, come vedremo, il canzoniere è organizzato secondo
un chiaro disegno che comprende un sonetto proemiale e uno conclusivo
intesi a sottolinearne la forma compiuta (o quantomeno che verso tale
forma compiuta l'autore si stesse muovendo). Difficile credere che questi
non fossero stati composti appositamente per la pubblicazione, o che la
disposizione dei testi fosse decisa dal Crispo, che li avrebbe ricevuti "di
continuo", man mano cioè che l'autore li scriveva, senza ordine particolare. Inoltre, nel 1593 già da due anni Crispo si era stabilito a Roma, per
cui pare improbabile che proprio da lì, *motu proprio,* decidesse di raccogliere i versi dell'amico (di anni, di fama e di censo molto di lui maggiore) onde rispedirli a Napoli per la stampa. Il tipografo che l'avrebbe
eseguita, poi, Colantonio Stigliola, non era un artigiano qualunque, ma
un intellettuale di un certo peso nella Napoli dell'epoca, dottore in medicina, matematico, fisico e astronomo, legato a Pignatelli in quanto anch'esso iscritto all'Accademia degli Svegliati (come più tardi ai Lincei !)[13].

---

12 – ASCANIO PIGNATELLI, *Rime,* Napoli, Stigliola, 1593 (pagine non numerate).

13 – Per lo Stigliola, si veda PIETRO MANZI, *La tipografia napoletana del Cinquecento.
Annali della stamperia Stigliola a Porta Reale in Napoli,* Firenze, Olschki, 1968. Stando
a quanto disse Tommaso Campanella agli inquisitori, Stigliola era tra quelli che, all'interno dell'Accademia degli Svegliati, specularono su un'imminente, millenaria "mutation
di stato" (cit. in LUIGI AMABILE, *Fra' Tommaso Campanella, la sua congiura, i suoi
processi e la sua pazzia,* Napoli, 1882, vol. I, p. 93).

La sua edizione, oltreché essere molto attenta e corretta, si distingue dalla massa della produzione editoriale coeva per certe singolarità di punteggiatura e ortografia (per cui si vedano le note al testo) che difficilmente potrebbero spiegarsi con l'intervento di un curatore. E si distingue anche per la veste tipografica assai elegante, quindi costosa, pur essa ben al di sopra della media della produzione commerciale dell'epoca, per cui è improbabile che ci si trovi davanti a un'operazione editoriale di carattere puramente commerciale. Forse, ad accollarsi almeno una parte delle spese di stampa fu il dedicatario dell'opera, Paolo di Sangro, principe di San Severo (nonché cugino dell'autore) il cui stemma figura sul frontespizio. Questi, poco più che ventenne, aveva appena ereditato il titolo principesco, e molto si sperava di lui dai letterati napoletani in quegli anni. Ma anche qui è da escludere, visto il codice dei rapporti cortigiani e clientelari dell'epoca, che Pignatelli non fosse al corrente dell'operazione, e che Sangro accettasse di finanziarla senza l'approvazione del congiunto[14].

Se dietro all'impresa ci stava l'autore però, perché passare da un prestanome, e scomodare il cugino? Pignatelli era sicuramente in grado di pagarsi le spese di pubblicazione per conto suo (pochi mesi prima aveva acquistato un feudo)[15], e quanto a modestia, o aristocratica sprezzatura, erano ormai lontani i tempi in cui ai gentiluomini letterati si consigliava di far circolare i propri lavori manoscritti tra i propri pari, onde ottenerne l'approvazione, avviando così un lento processo di revisione 'collettiva' (per cui tra scrittura e pubblicazione definitiva poteva intercorrere un buon ventennio, come per Bembo, o magari anche la morte dell'autore – e fu così per Della Casa e Tarsia)[16]. Anzi, i letterati napoletani della seconda metà del Cinquecento, aristocratici e non, furono tra i primi ad avvalersi tempestivamente della stampa. La letteratura napoletana dell'e-

14 – Per un nobile, pagare la pubblicazione di una propria opera non era sconveniente in sé, ma lo sarebbe stato farlo dietro lo schermo di interposta persona. Una volta scelto l'intermediario cui affidare il compito di presentare l'opera, era anche necessario scegliere qualcuno che si sobbarcasse le spese di pubblicazione e di remunerazione del curatore. Il secondo onere rientrava nella normale consuetudine del mecenatismo; il primo costituiva un grazioso quanto gratuito omaggio a un cugino (mentre se fosse stato Pignatelli a pagare sottobanco una pubblicazione che, per quanto sua, veniva dedicata a un suo pari, avrebbe costituito un potenziale insulto, quasi il Principe di San Severo non si potesse permettere un così modesto regalo). Per questa 'antropologia' della dedica-*potlach* si veda il bel libro di MARIO BIAGIOLI, *Galileo Courtier. The Practice of Science in the Age of Absolutism*, Chicago, University of Chicago Press, 1993.

15 – Per questa e altre notizie riguardanti la vita, si veda la Nota biografica.

16 – La pratica era stata teorizzata dal Castiglione nel *Cortegiano*, I XLIV.

poca si distingue da quella di altre 'dominanti' italiane proprio per la partecipazione agguerrita di membri delle primissime famiglie, ivi compresi i titolati. Un gran signore come Ferrante Carafa, Marchese di San Lucido, aveva pubblicato addirittura tre volumi di rime nello spazio di un ventennio. Nessuna ragione di prestigio sociale quindi perché Pignatelli si nascondesse dietro il 'romano' Crispo e la finzione di una pubblicazione avvenuta a sua insaputa. La ragione sarà piuttosto da individuare nella natura stessa delle *Rime,* che, malgrado l'apparente fedeltà all'ordine convenzionale, più che un canzoniere unitario costituiscono una serie di variazioni 'sperimentali' su certi temi chiave della lirica petrarchesca.

Certo, l'appellativo si presta a descrivere tutta una serie di testi del tardo Rinascimento: 'sperimentali' per una ragione o per l'altra si possono definire anche monsignor Della Casa, Galeazzo di Tarsia, il Tasso delle *Rime degli Eterei,* Domenico Venier, Cesare Rinaldi, Guido Casoni (tanto per limitarsi ad alcuni dei personaggi chiave del passaggio dal classicismo al barocco). Ma lo sperimentalismo di Pignatelli si distingue da questi per ciò che si potrebbe definire una ricerca d'avanguardia 'pura', addirittura astratta. Siamo lontani qui sia dal tentativo di riscrittura altamente personale del codice poetico che caratterizzava la poesia di Della Casa, Tarsia, Tasso, sia dall'ampliamento per così dire 'post-cortigiano' di questo codice, dove ciò che conta è soprattutto evidenziare, contro i dettami della sprezzatura, la propria vistosa capacità di complicare la materia sintattica (Venier) o metaforica (Rinaldi, Casoni). Si tratterà piuttosto di un continuo misurarsi *con* il codice, individuandone i vari momenti topici (fasi dell'innamoramento, laudi, lutti, ripensamenti, scambi con altri poeti-amanti e via dicendo) per scandagliarne le possibilità discorsive, e gli stessi assunti ideologici. Forse anche questo vogliono segnalare i sonetti di proemio e di epilogo: l'osservanza delle convenzioni, e quindi la natura 'esemplare' (ma in senso letterario più che morale o biografico) dello svolgimento che se ne fa.

Infatti, le *Rime* sono disposte in blocchi tematici i quali, seppure interrotti qua e là da componimenti apparentemente di scarsa pertinenza, svolgono nel loro complesso le fasi canoniche della poesia d'amore: predicazione metaforica della donna e dell'amore; stati d'animo contraddittori dell'amante; rapporto amoroso tra gli alti della corresponsione e i bassi del rifiuto e della lontananza; superamento e sublimazione dell'amore carnale, morte dell'amata e conversione a Dio. Ma ha torto Quondam a sostenere la "sostanziale fedeltà" del Pignatelli allo stereotipo "petrarchistico della celebrazione dei tempi di una vicenda d'amore, sino alla crisi e alla conversione a Dio". Una lettura appena un poco più attenta rivelerà che più che della cronaca di un amore (biografico o ideale che sia) si tratta di un generico ossequio alle 'stazioni' dell'itinerario amoroso, spesso rappresentate da testi di puro complimento che prendono spunto da occasioni galanti, o addirittura da testi tematicamente affini, ma che non pretendono neanche di portare avanti il racconto amoroso (il ciclo "in morte" comprende la Canzone Quarta per il fratello Muzio, due sonetti per amici defunti e due per una nobildonna che non solo non è l'amata, ma non sembrerebbe neppure appartenere alla cerchia degli intimi). Quanto all'elemento religioso, esso è certamente presente nella seconda metà del canzoniere, e seppure quantitativamente modesto, qualitativamente comprende alcuni dei migliori sonetti delle *Rime*. Ma anche qui, come avremo occasione di vedere, si stenterebbe a trovarvi un itinerario convenzionalmente platonizzante che dall'amore terreno porti a quello divino. La vera logica, all'interno di questa struttura, solo apparentemente narrativa, è quella dell'artificio poetico, per cui si accostano testi soprattutto per evidenziarne il virtuosismo, le variazioni su un tema, la ricerca espressiva.

Ci sono, è vero, chiari elementi architettonici. Le quattro canzoni scandiscono la separazione del testo in cinque gruppi (di cui però l'ultimo, il più lungo, è alquanto amorfo, perché tra i sonetti che dovrebbero segnare le tappe della conversione a Dio ne sono inframmezzati altri, più numerosi, che documentano più che altro una trama di rapporti letterari e cortigiani). Inoltre, il ciclo di sonetti (nn. LXXV-LXXXI) "sovra la sua lunga infermità", il più ampio delle *Rime*, le divide in due parti, quasi un percorso d'andata (nascita e crescita dell'amore) e uno più breve, per certi versi riassuntivo, di ritorno (dalla cognizione della morte, attraverso ulteriori vicissitudini amorose, alla 'conversione'); i sonetti XLIV-XLV, gli unici a trattare amori sensuali corrisposti (velate consumazioni amorose che comporteranno uno 'squilibrato equilibrio') creano una cesura nella prima parte; lo stesso ruolo svolgono nella seconda i sonetti CVII-CVIII (sulla morte di due amanti adulteri), quasi una 'risposta' ai primi, in quanto qui la consumazione carnale porta a un ben diverso riposo. E sarà con tutta probabilità possibile individuare altri testi spartiacque, e altre simmetrie. Ma ciò che conta ancor di più è lo snodarsi dei testi in un gioco di accoppiamenti per affinità o contrasti tematici, per consonanza di mezzi espressivi, o anche per semplice associazione metaforica.

Così, per esempio, i due sonetti (nn. III-IV) che svolgono il tema dell'innamoramento (un accoppiamento sottolineato dai capoversi e dalle rime delle quartine) sono giocati su catene di metafore 'scientifiche' assai complesse e insolite, tratte rispettivamente dall'ottica e dall'astronomia. Segue un sonetto che riporta la materia metaforica a vettori più convenzionali, mentre il sonetto successivo (VI) è imperniato sull'immagine cosmica di Issione che ruota attraverso i cieli e si ricollega ai riferimenti mitologici del n. II, eccetto che lì ci si soffermava sugli eccessi dell'ardimento amoroso, mentre qui si sottolinea la punizione che ne deriva, dopo di che è il tema della prigionia già implicito nella punizione di Issione ad essere ripreso, ma con un capovolgimento arguto. Nel n. VII, infatti, l'amante si 'vendicherà' delle pene inflittegli 'serrando' l'amata nel proprio cuore; penetrazione e inversione dei ruoli che si ripetono in altri modi nel n. VIII, dove la donna entra nel cuore per concepirvi "d'affanni, e di tormenti Mostri, che le mie doglie altrui fer chiare", e che si trasformano poi in una fonte (la "fontana a pie' d'un faggio" della petrarchesca 'Canzone delle Metamorfosi', *Nel dolce tempo de la prima etade?*), ricollegabile al "rivo" che diventa progressivamente "altero fiume" del n. V.

Si potrebbe continuare, ma già il senso di questa concatenazione di metafore concettose mi sembra sufficientemente chiaro. E non solo la logica del suo procedere (appunto per entimemi arguti e capovolgimenti che superano di molto la mera moltiplicazione/amplificazione del manierismo), ma anche i significati sottostanti, che sono tutti di poetica (viene il sospetto, per esempio, che i "mostri" e gli "aborti" del sonetto VIII, su cui avremo occasione di ritornare, non siano tanto le pene d'amore, quanto i vari tentativi di esprimere poeticamente l'inesprimibile, cioè di fare letteratura). Questa impressione è avallata, d'altronde, anche dal numero assai elevato di componimenti d'occasione: tra quelli legati a specifici avvenimenti dell'anagrafe nobiliar-letteraria (matrimoni, morti, libri pubblicati), altri più genericamente inseribili nella cronaca galante della Napoli bene (*Ad una Signora, che si pose tra molte spade, e racchetò un grandissimo rumore*) e il gruppetto di corrispondenze poetiche che (quasi) conclude il volume, si avvicinano a metà del totale. Certo, a legittimare l'inserimento in un canzoniere di tutta la produzione lirica, e non solo quella direttamente collegata alla vicenda amorosa, c'era nientemeno che Petrarca. Ma non in simili proporzioni.

In questo senso, l'opera che più si avvicina alle *Rime* di Pignatelli è quella del Tasso 'extravagante' e d'occasione (che proprio in quegli anni veniva febbrilmente ampliata e riordinata). Esulava affatto questa gran massa di versi – spesso stupendi, sempre forbitissimi – dalla forma del canzoniere tradizionale, ma costituiva pur sempre nelle intenzioni dell'autore una raccolta organica e, a modo suo, un documento di poetica: niente di meno che un vasto, eroico quanto impossibile, tentativo di ricucire il tessuto della grande cultura cortigiana rinascimentale, riportandola a quella ideale unità pan-italiana che avevano prospettato Bembo e Castiglione. Ma se la geografia tracciata dal Tasso attraversa ancora tutta l'Italia letteraria, in una trama di corrispondenze poetiche e lodi cortigiane che copre quasi l'intera penisola, le *Rime* del Pignatelli al contrario sembrerebbero rivolgersi (come ammette Crispo) ad una ristretta cerchia di intimi, in un alternarsi di riti cortigiani e accademici. Presenzia al loro battesimo della stampa il bel mondo partenopeo, che vede riflesso in questo petrarchismo complesso e ricco di allusioni colte il proprio sistema di valori, la propria esclusività (sempre in un dialogo da pari a pari, perché se c'è 'corteggio' nelle rime di questo gran signore, non c'è traccia di adulazione o piaggeria, e il termine stesso va inteso, come del resto già si è visto nel sonetto alla Duchessa di Nocera, nel senso di adesione consapevole e smaliziata ai riti e ai valori di questo mondo). Presenzia la non meno esclusiva repubblica delle lettere, il piccolo gruppo di accademici stretti intorno all'autore, i cui interessi filosofici e scientifici si ritrovano a più riprese nella materia metaforica dei testi (a loro, più che "A' benigni Lettori" si rivolge la lettera prefatoria quando giustifica la pubblicazione delle *Rime* "contra" la volontà dell'autore facendo appello al "saldo, & commune parere" di non meglio identificati "gentilissimi spirti" che "il modo tenuto dal Signor Ascanio nelle sue compositioni sia singolare"[17]. Presenziano pochi forestieri senesi (mentre sono stranamente assenti lo stesso Tasso, amico di gioventù, e gli altri amici padovani che curiosamente rispunteranno, seppure indirettamente, dietro quell'Accademia Olimpica di Vicenza *sponsor* dieci anni dopo della seconda edizione)[18]. E presenzia ovviamente il dedicatario (di cui si parlava come particolarmente interessato alle questioni di poetica, e alle posizioni teoriche dell'avanguardia napoletana), a suggello dell'elitismo di queste *Rime,* perché "esse quasi in aprir gli occhi a questa luce humana, godano lo splendore di oggetto cotanto nobilissimo, et con esso lei sperino di augurarsi la lettione, & lode di suoi pari" (a Napoli e, si presume ora che si è giunti alla stampa, altrove)[19].

Ma, se per essere una sorta di ritratto – sospeso tra pubblico e privato – di un ambiente e di un modo di far poesia, le *Rime* ricordano l'ultimo Tasso (in versione tanto piccola ed esclusiva però quanto egli è vasto ed inclusivo – e la sua presenza/assenza è indubbiamente un aspetto della poesia del Pignatelli che andrebbe indagato)[20], per lo stile puntano invece nella direzione cui avrebbe mirato il giovane Marino, che ancor più di Pignatelli avrebbe nascosto dietro al dettato armonico un discorso serrato, logicamente e metaforicamente complesso, ideologicamente disincantato. E ricorda Marino (specie la prima sezione di *Rime amorose* del 1602) anche la disposizione per blocchi tematici e/o associativi che mimano, ma non ripercorrono fedelmente, l'*iter* petrarchesco, critica implicita al codice, e allo stesso tempo ordine che evidenzia la ripresa/variazione/superamento dei temi e della maniera canonici. Conferma questa ipotesi di una ricerca serrata e cosciente, in dialogo con un piccolo gruppo di scrittori affini, il fatto che, per quanto sia permesso ricostruirla, la cronologia dei componimenti appare ristretta nello spazio di poco più di un decennio: dei testi databili, appena una ventina, ma stilisticamente

---

17 – PIGNATELLI, *Rime*, ed. cit. (pagine non numerate).

18 – Tra gli iscritti all'Accademia Olimpica figuravano almeno due Accademici Eterei, Scipione Gonzaga e Battista Guarini. Circa le circostanze della riedizione vicentina della *Rime* si veda anche la nota ai sonetti XVI-XIX dell'Appendice.

19 – Giovan Battista Crispo, Epistola dedicatoria a Paolo di Sangro, in PIGNATELLI, *Rime*, ed. cit. (pagine non numerate).

20 – Sorprende che il soggiorno napoletano di Torquato (1588) non lasci traccia nelle *Rime* (ma l'unico scambio di sonetti tra i due, per cui si veda l'Appendice II, nn. XXV e XXVI, potrebbe datare a questa visita, e si vedano le note ai due testi per le possibili ragioni della esclusione dalle *Rime* di un nome che tanto lustro avrebbe dato loro). Una traccia lascia invece l'esempio della sua lirica nelle eleganti metafore continuate di versi d'occasione come il n. XII.

assai rappresentativi, nulla che preceda il 1579 (termine *de quo* della Canzone Quarta per la morte del fratello Muzio), mentre il più tardo (il sonetto n. XCVI per la ferita di Alessandro Farnese) ha come termine *ad quem* il dicembre del 1592. Il rifiuto delle rime padovane (stilisticamente assai più convenzionali), scritte una ventina di anni prima, e la notevole omogeneità di quelle accettate, assieme a quel poco che sappiamo della carriera militare di Pignatelli (che stando ai dati disponibili ebbe la sua fase più attiva negli anni tra il 1571 e il 1582) suggeriscono anch'essi un ritorno alla poesia in età ormai matura. Negli anni '80 del secolo, infatti, i suoi impegni militari sembrano essersi ridotti al comando del presidio di Nola, permettendogli di frequentare regolarmente gli ambienti letterari della capitale, lontana appena una ventina di chilometri. Sarebbe così nell'*otium* di un semi-ritiro a vita privata, passato tra Napoli, il suo feudo di Bisaccia, e la fortezza di Nola, che Ascanio elabora il suo canzoniere, quando sulla preparazione retorico-filosofica degli anni padovani agiscono i fermenti speculativi della ricerca meridionale di quegli anni (i cui riflessi, dalle meditazioni di poetica agli esperimenti sull'ottica all'eredità del sensismo telesiano, sono regolarmente rintracciabili nelle *Rime*).

È forse proprio in rapporto a questa avanguardia partenopea che si dovrà collocare, ritornando ora al particolare, il sonetto n. II, che sarebbe allora da ritenersi più del primo il vero manifesto delle intenzioni del canzoniere:

> Al ciel seren de' tuoi bei lumi ardisco
> > Me poggiando inalzar sovra me stesso,
> > E monti a monti di speranze intesso,
> > E chiaro a l'alma il precipitio ordisco,
> Che se sprezzando allor la pena e 'l risco
> > Con la penna al desio tento gir presso,
> > Sotto 'l gran peso di tue lodi oppresso
> > Qual da soma inegual, caggio, e languisco;
> Lasso e son io quel tuo celeste, e schietto
> > Giro di glorie in poco amica sorte
> > Debole Alcide a sostenere eletto,
> Ch'a me da grave duol fatto men forte
> > Da la tua crudeltà forse è disdetto
> > Che 'l tuo bel nome ad altra età riporte.

Oltre che alle ambizioni amorose, infatti, le comparazioni mitologiche di cui è intessuto il testo si riferiscono a quelle poetiche: e non solo perché così vuole la tradizione, fin dall'impiego petrarchesco della storia di Apollo e Dafne. Qui i miti sono in primo luogo, evidentemente, quelli dei Giganti che cercano di scalare l'Olimpo e del mortale Ercole che si sostituisce temporaneamente ad Atlante nel reggere la volta del cielo. Vi si aggiungono nella seconda quartina echi (quasi citazioni di testi precedenti) di altre storie dal lungo *pedigree* letterario, anch'esse attinenti alla tipologia dell'ambizione sacrilega punita da Giove: Icaro che cerca di raggiungere il sole; il gigante Tifeo sepolto sotto il 'gran sasso' d'Etna; forse Sisifo condannato a spingere su per un'erta un macigno che immancabilmente vince le sue forze e rotola nuovamente al punto di partenza[21]. Tale proliferare di racconti possibili nello spazio di undici versi (quando in genere ci si accontentava di usarli uno alla volta, non spenderne tanti in un colpo solo) rientra in quel procedimento di moltiplicazione degli stilemi e delle figure chiave del petrarchismo che, come osservava Quondam, caratterizza la poesia napoletana dell'epoca. Lo stesso si può dire, sul versante tematico, dell'insistenza sulla scrittura come 'fatica' altrettanto eroica quanto le imprese guerresche (ed erano, effettivamente, le uniche attività lecite a una nobiltà ormai lontana dal potere reale, cosicché grande importanza vi si attribuiva come giustificazione e sostegno di una preminenza sociale cui non corrispondeva il minimo dinamismo politico o economico). Né meno caratteristici dell'ambiente partenopeo degli anni '80 e '90 del secolo si possono dire la dimensione 'cosmica' attribuita al binomio amore-poesia, tentativi di reggere la volta del cielo e quindi, metaforicamente, di dare senso ed espressione al rapporto uomo-creato, e il *topos* dell'indegnità del poeta, la sua incapacità di esprimere in modo adeguato, consono alla più che umana perfezione, le virtù dell'amata.

Ma ciò non solo per insufficienza di chi scrive, perché in Pignatelli sarà la materia stessa a dimostrarsi, fino all'ultimo, fluida, mutevole, scarsamente trattabile: oscillante tra stato sovrannaturale, celeste (sole, stella, Dea), e stato fermamente naturale, terreno (fiera, giardino, mare), la don-

---

21 – Per altri impieghi letterari di questi miti, si vedano le osservazioni circa questo sonetto nelle Note esegetiche.

na; contraddittorie e irresolubili le emozioni da lei suscitate, che malgrado l'ossequio all'*iter* convenzionale del canzoniere petrarchista non pretenderanno neanche di giungere ad una vera soluzione.

Emblematico, in questo senso, il rapporto antitetico tra gli ultimi tre sonetti, che seguono il ciclo di corrispondenze poetiche riportandoci ai temi convenzionali della poesia amorosa. Il primo (n. CXXVII), *Nella musica di Settimana Santa d'alcune Signore monache*, sembrerebbe riproporre (seppure indirettamente) il *topos* della sublimazione dell'amore sensuale, che attraverso la mediazione della 'Donna angelicata' condurrà purificati all'amore divino. Ma segue un altro testo d'occasione, *Ad una Donna, che portava una veste di rete,* la cui galanteria riassume invece proprio la fenomenologia dell'amore sensuale-trappola e si conclude riasserendo (sia pure in un contesto scherzoso, non moraleggiante) l'impossibilità di risolvere la classica dicotomia tra libero arbitrio e prigionia dei sensi. Dopo di che, il tono convenzionale, altamente moralizzante, del sonetto di chiusura non potrà essere preso troppo alla lettera:

> D'un lungo ardor fra mille carte impresso,
>   Che pianto più ch'inchiostro un tempo asperse,
>   E di varie in amor fortune averse
>   Verace historia, e dolorosa intesso;
> Spero chi m'arse ancor mirando in esso
>   Che di tarda pietà lagrime verse,
>   E quel che da le luci in me converse
>   Non fu a le fiamme, al cener sia concesso;
> O pur fia, s'altri il mio desio condanni,
>   Che l'esempio gradisca, e 'n sé riprenda
>   Le mie gran colpe, e schivi accorto i danni,
> Et io, se 'n me vergogna avien ch'accenda
>   Nobil disdegno, avrò de' primi affanni
>   Se già non presta, hor tempestiva emenda.

Alla fin fine, il messaggio rimane squisitamente letterario. Potrà sì trattarsi di un'ultima richiesta di pietà rivolta alla donna, ma vista la non mai risolta altalena dei sentimenti e delle interpretazioni, potrà anche essere un invito a scegliere, tra i versi 'passionali' e quelli di 'pentimento', ciò che più aggrada. E potrà trattarsi di un invito al lettore a imparare dalla sua vicenda umana, ma anche da quella poetica di un esemplare esperimento di scrittura.

Un esperimento incentrato tutto sulle varietà della predicazione, per metafore e similitudini, di un'esperienza sfuggevole, ambigua, contraddittoria. Metafore e similitudini che, come già si è detto, si collocano tutte (salvo pochissime e non certo clamorose eccezioni) all'interno del repertorio tradizionale, ma quasi sempre con notevoli complicazioni e amplificazioni. Tali sviluppi concettosi del repertorio solo di rado daranno luogo però a vere e proprie arguzie (quei rovesciamenti inattesi, eclatanti, virtuosistici o addirittura sconvolgenti a cui costantemente mirerà in pieno Seicento, pur non sempre arrivandoci, il 'barocco internazionale', da Gongora a Ciro di Pers a Marvell) ma porteranno ciò nonostante a conclusioni o sottintesi sottilmente sovversivi dell'ordine del discorso petrarchista (ciò che non fanno invece né i più o meno coevi manieristi meridionali, né quelli di area veneta)[22].

Si tratta talvolta di rapide comparazioni (n. XV: "quasi in abissi D'alta humiltade"; n. XVII: "quasi farfalla in amorose Fiamme") o traslati (n. XLV: "gioconda Prigione … Soavi risse"; n. XLVII: "il guardo piove Soave humor di dolorose stille"), a volte accoppiate ad allusioni mitologiche (Prometeo nel n. XXXVIII: "d'un bel volto Secrete fiamme insidioso involo"), e sempre contraddistinte da un gusto molto marcato, prebarocco, per l'inversione, l'antitesi, l'ossimoro, che già spinge quasi all'estremo la pratica manierista. Ma ancor più significativo, da questo punto di vista, è il numero assai elevato di testi in cui prevalgono similitudini e metafore di maggiore estensione, che molto spesso vengono anzi ad occupare un sonetto intero. Anche qui, beninteso, si tratta in primo luogo di uno sviluppo di tendenze già in atto in tutta la lirica del Cinquecento, che sempre più privilegia questo aspetto del modello petrarchesco (e già le ragioni di fondo, storiche, andrebbero indagate), ma oltre a registrare un elevato tasso di frequenza, questo porta in Pignatelli a combinazioni, e suggestioni, nuove.

---

22 – L'"arguzia" di Pignatelli non è però da sottovalutare tanto come ha fatto Quondam: un sonetto come il n. XXXI (*Fu bagnato dalla sua Donna, mentre in una fonte bebbe, e si lavò le mani*), con il suo elegante capovolgimento del mito di Danae e della pioggia d'oro, non sfigurerebbe in Marino.

È insolitamente precisa, rispetto alla tradizione, la completezza (quasi sarebbe da definirsi la chiusura logica) di un sonetto come il n. XLIII, che svolge una serie di variazioni sul sistema metaforico – stati d'animo dell'amante = condizioni meteorologiche – inaugurato da una delle più belle sestine del Petrarca, "L'aere gravato, et l'importuna nebbia", combinandole con l'altro, pur esso riconducibile al Petrarca, della navigazione amorosa:

> L'aura d'amor, che sciolta in amorose
>   Voci quest'aria lusingando vola,
>   E da la bocca, ond'esce, accoglie, e 'nvola,
>   E sparge poi l'odor de le sue rose,
> Spira talor fra l'humide, e gravose
>   Nebbie del duol, che disgombrar può sola,
>   E ne le mie fortune hor mi consola,
>   E l'onde acqueta del mio cor dogliose;
> Né così lieta mai la doppia face,
>   Che da' figli di Leda ardendo appare,
>   A smarrito nocchier diletta e piace,
> Com'ella de' pensier torbido il mare
>   Tranquillo rende, et al dolor dà pace,
>   E i rai mi scopre di due luci chiare.

La voce-aura soave dell'amata, implicitamente tiepido venticello primaverile, scaccia le "nebbie" che gravano sull'amante, acqueta le "onde" della tempesta nel cuore e nella mente di lui, fa sì che egli possa vedere chiaramente la "doppia face" degli occhi amati, che egli si augura lo ricondurranno in porto, così come il navigante trae buon auspicio dall'apparizione dei Dioscuri (i fuochi di Sant'Elmo). Elegante la narrazione, che si svolge per piccoli salti di logica associativa e contrastiva. Né la funzionalità del sonetto si risolve tutta nel comporre le tessere del discorso metaforico in un cerchio che parte dalla Donna e a lei ritorna. All'ordinato svolgersi del concetto si associa un non vistoso ma efficace dispiegamento dei mezzi fonici e metrici che prima fanno eco al contrasto sereno/tempesta delle quartine, e poi configurano nel progressivo scioglimento sintattico delle terzine l'itinerario del ritorno.

Non dissimile, ma forse ancor più preciso e patentemente calzante è il funzionamento di una similitudine come la seguente, che si estende anch'essa per tutta la lunghezza di un sonetto (n. LXI). Di nuovo l'immagine è fondata su una serie di associazioni comunissime (amore/donna/amante = pianta), ma acquista nello svolgimento serrato e pertinente del vettore, la già virgiliana immagine del connubio tra la vite e l'olmo, una notevole forza espressiva:

> Come infelice infruttuosa pianta
>   Feconda vite entro a le braccia accoglie,
>   Ch'i rami de' suoi frutti, e de le foglie,
>   Di cui povera nacque, orna et ammanta,
> Se i cari nodi, onde con pace tanta
>   Seco la stringe, acerbo altri discioglie,
>   E i fregi e gli honor suoi rapace toglie,
>   E le bellezze sue recide e schianta,
> Riman sterile e nuda, e de l'amato
>   Peso, che sì soave ella sostenne,
>   Priva, e de l'ombre, e del diletto usato;
> Così ciò, che già fui, da voi mi venne,
>   E con voi sparve, e de l'antico stato
>   Sol memoria di doglia il cor ritenne.

Questa capacità se non proprio di concretizzare attraverso la descrizione, almeno di fare da cassa di risonanza agli 'affetti', il senso di perdita, dichiarati dalla terzina conclusiva, non è certo comune nella poesia manierista. Né comuni sono i mezzi tecnici adottati, perché la similitudine funziona non per 'semplice' associazione di idee, ma per il contrasto che mette in scena tra la crescita rigogliosa ("frutti", "foglie", "fregi", "honor"), l'intrecciarsi promiscuo ("entro a le braccia accoglie", "orna et ammanta", "i cari nodi"), la pienezza antropomorfica ("con pace ... la stringe"; "l'amato peso") di un prima, e la concitata distruzione ("acerbo discioglie"; "rapace toglie"; "recide e schianta") che porta a un secco, squallido dopo, quando rimarrà semplicemente "sterile e nuda".

Anche qui, come già negli altri testi che abbiamo preso in considerazione, si deve quindi riconoscere la non vistosa ma accurata, calibratissima padronanza del discorso poetico petrarchista. Ma si tratta di qualcosa di più che non semplice perizia, per così dire, artigianale, perché la sostiene la volontà di trattare la materia con un'immediatezza, una precisione comunicativa, una *vis* analitica, che esulano affatto dal quadro ideologico del petrarchismo, ricordando piuttosto il rigore 'scientifico' dello Stilnovo, e addirittura, in un paio di occasioni, il realismo descrittivo della *Commedia* dantesca, come nel n. CVI:

> Ma sembra humor, che 'n suon roco indistinto
>   Esce da stretto vaso, e si confonde,
>   E da se stesso è ritardato, e spinto …

Che a Napoli si leggessero Dante e la poesia del Duecento (fosse solo per condannarne la barbarie linguistica, come aveva fatto appena un anno prima della pubblicazione delle *Rime* un corrispondente di Pignatelli, Pietro Antonio Corsuto, nel suo *Capece, overo delle reprensioni*) lo sappiamo, e ce lo conferma la menzione della Bice dantesca accanto a Laura nel sonetto introduttivo di Giulio Carafa. Possiamo anche immaginare quali fossero le ragioni di questo interesse: non tanto la lingua o la metrica (che pure qualche traccia lasciarono, per esempio in Campanella) quanto i contenuti filosofici, e soprattutto natural-filosofici (in un ambiente fortemente segnato dallo sperimentalismo di Giovan Battista Della Porta, oltre che dalle teorie telesiane), e la ricerca di un modello di poesia nuova che proprio dalla materia 'scientifica' (e più generalmente da un'attenta osservazione dei fenomeni naturali) traesse nutrimento per ravvivare l'ormai trito armamentario delle 'poetiche comparazioni' e i luoghi comuni del platonismo secondo la *vulgata* cortigiana.

Il ruolo principale nel teorizzare questa seconda fase (dopo la "locuzione artificiosa" di Camillo Pellegrini) della ricerca poetica partenopea lo ebbe quel Giulio Cortese al quale si è già accennato come co-fondatore dell'Accademia degli Svegliati. In una serie di interventi accademici pubblicati nel 1592 Cortese ci spiega i principi fondamentali di una poesia scritta "secondo scienza". Tale definizione ha indotto Amedeo Quondam e Lina Bolzoni (praticamente i soli studiosi che si siano occupati di lui come trattatista) a pensare che Cortese intendesse con questo una poesia scientifica in senso stretto, che trattasse i misteri della natura, o che quanto meno li impiegasse, un po' come aveva fatto lo Stilnovo, per spiegare e approfondire i temi correnti della poesia. In realtà si tratta di qualcosa di assai diverso, che prende lo spunto dal sensismo telesiano (per cui, contro l'egemonia del verbo sillogistico, l'unica conoscenza possibile è quella che muove dalle impressioni derivate dal mondo fenomenico), e dalla ricerca manierista di una poesia che vada oltre la persuasione retorico-dialettica, comunicando direttamente al suo pubblico gli stati emotivi e le sensazioni ("affetti") di cui parla. Riassumo qui rapidamente le argomentazioni assai complesse, non sempre chiare o esplicite, dei brevi discorsi (abbozzi di capitoli forse di una mai scritta Poetica) in cui ci sono pervenute le teorie del Cortese[23].

Alla base della sua poetica sta una netta distinzione tra la "pura narratione" (cioè la denotazione, la "voce nuda") e l'"imitatione" che "farà apparere [l'oggetto della rappresentazione] a gli occhi dell'intelletto del lettore"[24]. Tramite necessario del passaggio da narrazione a imitazione, è "il concetto", che "sarà esponere" le materie poetabili "come, per essempio, arme, amore, beltà, furore et altri simili [...] ridotte ne l'occhio dell'animo che imprimeranno al discorso et alla cogitazione; et essendo la poesia senza concetto, sarà uno dire sterile o mostruoso"[25]. Ma lo scopo di tale imitazione è qualcosa di più che non il semplice *ornatus* retorico, che coniughi istruzione e diletto. Il concetto è per definizione un parlare figurato, metaforico in quel senso onnicomprensivo che spiegherà mezzo secolo più tardi Emanuele Tesauro, il cui valore sta, secondo la felice formula aristotelica, nell'associare rapidamente più idee, dilettando cioè proprio in quanto è un imparare rapidamente, intuitivamente, senza fatica. Ma a questa motivazione del discorrere per figure Cortese ne associa un'altra, quella della figura come espressione dell'altrimenti inesprimibile, vuoi per mancanza di termine proprio, vuoi per altre e più complesse

---

23 – Sono cinque saggi, *Dell'uso delle vocali, Delle figure, Avertimenti nel poetare, Dell'imitatione e dell'inventione, Regole per fuggire i vitii dell'elocutione*, pubblicati in fascicoli autonomi, e paginazione separata (ma le segnature sono continue), in GIULIO CORTESE, *Rime, et Prose*, Vico Equense, Cacchi, 1592 (*Avertimenti nel poetare* e *Dell'imitatione e dell'inventione* sono stati ristampati in WEINBERG, *Trattati* cit, Vol. IV, Bari, Laterza, 1974, pp. 171-192. Per l'intervento di QUONDAM, si veda *La parola nel labirinto*, cit. pp. 100-107; per LINA BOLZONI, *Note su Giulio Cortese. Per uno studio delle accademie napoletane di fine '500*, "Rassegna della letteratura italiana", 77, 1973, pp. 475-99, e *Le prose letterarie di Giulio Cortese: una fonte della giovanile "poetica" campanelliana*, "Rivista storica della letteratura italiana", 88, 1971, pp. 316-326.

24 – CORTESE, *Dell'imitatione & dell'inventione*, p. 2.

25 – CORTESE, *Avertimenti nel poetare*, p. 2.

ragioni. E tra queste ultime Cortese annovera sia il perché dei fenomeni, sia l'effetto che essi hanno sui sensi. O meglio, la spiegazione figurata dell'accadere servirà come veicolo per renderne anche le sensazioni, ed è attraverso queste, la produzione nei sensi "interni" del fruitore di un testo poetico di un moto dello *spiritus* (nel preciso senso telesiano del meccanismo base della vita dei sensi) in sintonia con quello collegato alla 'cosa' descritta, che secondo Cortese si ha quella forma particolare di comunicazione che è la poesia, in quanto "i sensi nostri deono ricevere satisfatione: & poi il discorso, e l'intelletto appresso. Perché se 'l senso sarà mal sodisfatto, il discorso non farà il suo ufficio del discorrere proportionatamente né l'intelletto riceverà accomodatamente l'imagini delle cose sensibili"[26].

Beninteso, questa comunicazione non riguarda un'esperienza personale, soggettiva, così come la concepiamo noi oggi, e neanche la serena reminiscenza di emozioni profonde, i *powerful feelings recollected in tranquillity* della poesia romantica secondo la felice formula di Wordsworth. Ma si tratta pur sempre di qualcosa che può esistere solo ed esclusivamente nel singolo, in quanto procede da sensazioni per definizione individuali, soggettive, che, a differenza della "historica narratione" che ci comunica semplicemente una catena di dati di fatto, non sono fruibili collettivamente eccetto che per senso figurato. E qui il termine 'senso' ha tutta una gamma di valori, perché se il concetto, tratto immancabilmente nell'esemplificazione che ne fa Cortese dalla spiegazione scientifica del fenomeno, oppure da altro fenomeno in natura in qualche modo parallelo a quello che si vuole rappresentare, ci dà una serie di 'ragioni' intorno a ciò di cui si vuole parlare, inserendolo nell'ordine delle cose ("uno concetto figurato dalla bellezza, & dal moto della soavità vergato, o risonante all'harmonia delle scienze, o dell'ordine dell'universo"), serve anche da impalcatura su cui disporre quegli effetti metrici e fonici che lo renderanno in tutta l'immediatezza sensoria, muovendo lo "spirito" del fruitore verso il "moto eguale" del poeta[27].

A questo scopo Cortese offre una lunga serie di avvertimenti tecnici,

---

26 – CORTESE, *Lettera dell'uso delle vocali*, p. 5.

27 – Rivelatorio in questo senso l'esempio che Cortese trae da un proprio scritto, il mai pubblicato poema eroico *Guiscardo*, in cui parlando dello squillare di una tromba, dà una spiegazione 'scientifica' della propagazione del suono, *amplificatio* dell'avvenimento che permette di tradurre in parole il suono della tromba stessa, "Che se queste arti fussero state note ad Ennio, non averia con la 'taratantera' dato occasione di riso ai secoli futuri" (CORTESE, *Avertimenti nel poetare*, p. 5).

dall'uso delle vocali a quello dei tropi, retti tutti dal principio della proporzione e della vicinanza tra vettore e tenore del concetto, perché "i vitij dell'oratione, o della elocutione saranno quelli che muovono lo spirito intelligente diverso da quello che la proportione della materia, o della forma della elocutione ricerca", mentre al contrario "la degnità è quella che adegua con giusta proportione la materia, la forma, l'intentione, & l'ornamento della elocutione". Continua Cortese a definire per esclusione ciò che comporta questa "giusta proportione" spiegando che

> sì come la luce sproportionata di quantità maggiore abbarbaglia, & di minore non illumina, così le voci necessarie figurate di figura sproportionata al concetto, che soprabondano, offendono lo spirito, & la difettiva non lo dilucidano, & sì come il moto sproportionato anchora per salto faticoso, o per percossa dura apporta tedio, & dolore allo spirito, così anchora il diletto sproportionato di quantità soverchia, o manca li darà affanno.[28]

A questi vizi si oppongono le virtù di piccoli salti entimemici, una vivace mediocrità tra il dettato piano e privo di lumi e quello roboante e iperbolico, un concettismo insomma sensato, raziocinante e cauto, che sembrerebbe quasi l'identikit della poesia di Pignatelli quale l'abbiamo tracciato finora.

Per di più, se nell'esemplificazione che finora se n'è fatta non figura direttamente quella materia scientifica favorita dal Cortese, è proprio questa invece, *sub specie* di una reinterpretazione del platonismo rinascimentale in chiave astronomica (e ovviamente astrologica – ma questa è una distinzione tra scienza e pseudo-scienza che non avrebbe avuto gran senso a quei tempi), nonché una serie di digressioni che dalla cosmologia portano ad altri rami della filosofia naturale, a costituire la maggiore novità del repertorio tematico di Pignatelli. Eccone un bell'esempio, in cui gli occhi-soli conducono a una seconda metafora, donna-sfera celeste, e poi ad una terza, elaboratissima, per cui la fiamma che il sole accende nell'amante guizza su per ricongiungersi a lei (n. XXXII):

28 – CORTESE, *Delle figure*, pp. 5-6.

> Spiran fiamma i vostri occhi, e quel fatale
>   Sguardo in sì vago incendio arde il mio core
>   Ch'ei divien foco, e 'l vostro almo splendore
>   È la sua spera, a cui s'inalza, e sale;
> Ivi simil a voi fatto immortale
>   Lieto ne' vostri rai stassi a tutt'hore,
>   E di quel dolce, e pretioso ardore
>   Si nutre poi quasi calor vitale;
> Ivi, com'in suo luogo, egli ritrova
>   Pace, e quiete, e pien d'ardente zelo
>   Sol vien che dietro a voi s'aggiri, e mova;
> Ma quindi poi, come congiunta in cielo
>   Presso al freddo è la fiamma, in voi ben prova
>   Che foco gli occhi, e 'l petto è neve, e gielo.

E un altro, in cui la metafora cosmica (occhi-stelle i cui influssi determinano il progresso della passione amorosa) dà luogo a una seconda assai più insolita (n. III):

> L'alma beltà, che da due stelle al core
>   Quasi celeste influsso in me discese,
>   In cui vagando in mille parti apprese
>   Le prime fiamme il mio fatale ardore,
> Passò ne l'alma, e 'mpresse il suo splendore
>   Vivo sì, che 'l mio giel non mi difese,
>   Anzi, qual raggio in vetro, ivi s'accese,
>   E trasse dal mio ghiaccio incendio fore ...

Qui il fuoco passa dal cuore (sede, appunto, delle passioni) all'anima, dove si 'imprime' in tutto "il suo splendore" l'immagine dell'amata. Fin qui nulla d'eccezionale, in quanto secondo la psicologia aristotelica spettava appunto all'‘anima sensitiva' recepire e conservare il simulacro degli oggetti che colpivano i sensi. Ma un linguaggio che dal petrarchismo è improvvisamente scivolato in quello del Cavalcante di *Donna mi priega*, o addirittura della *Commedia* dantesca, passa successivamente ad altri e più moderni interessi. Il "giel" che dovrebbe difendere l'amante è presumibilmente l'"anima razionale', che, secondo la psicologia aristotelica passa al vaglio i simulacri o fantasmi, classificandoli, e identificando l'eventuale pericolosità dell'oggetto con cui hanno a misurarsi i sensi. "Gielo" in quanto, in quasi tutta la tradizione, la funzione dell'anima razionale è di riconoscere la bella immagine della donna per quel che è, appunto un pericolo, rifiutandola (o quanto meno mettendo in guardia contro l'amore carnale che essa potrà suscitare). Qui invece il "giel" non ha forza bastante a 'difendere' dall'attacco, sì che lascia entrare l'immagine, che anzi si comporta con lui come fa la luce col vetro. L'immagine sembrerebbe tolta di peso da Dante, ma in realtà si tratta di un vetro particolare, una lente convessa (di quelle con cui sperimentava in quegli anni Giovan Battista Della Porta ?), che dalla luce 'trae' il fuoco.

È un salto metaforico arguto non tanto per immediatezza ed *elan* quanto per cerebrale precisione, che trova pur sempre però una giustificazione nell'essere in certo senso la 'figura' di tutto lo sforzo intellettuale di questa prima parte del canzoniere, tesa a mettere a fuoco, o addirittura 'concentrare' le virtù della Donna, onde dimostrare il significato universale, cosmico, della sua bellezza e virtù. È solo attraverso la lente-ghiaccio del raziocinio poetico-retorico (e del pensiero metaforico in particolare) che le impressioni da lei suscitate diventeranno valori e significati capaci di motivare l'agire dell'amante. C'è da chiedersi però fino a che punto Cortese avrebbe approvato questa figura dell'amico, se non l'avrebbe forse trovata troppo "lontana" e "oscura" (due dei "vitij dell'elocutione" da fuggire), e quindi inabile ad imprimere i giusti moti nello spirito del fruitore. Peggio ancora, dal punto di vista del razionalismo cortesiano, il sonetto propone, almeno implicitamente, una visione cavalcantiana dell'amore quale negazione del raziocinio, e quindi della capacità di scelta, del libero arbitrio, dell'umanità stessa del soggetto. Quanto Pignatelli intenda questo seriamente, e quanto di conseguenza sia da prendere alla lettera il determinismo astrologico della terzina che conclude il sonetto, sono questioni che sarà meglio lasciare in sospeso ancora per un momento, ma che comunque implicano un atteggiamento non privo di conseguenze ideologiche. Dove Cortese puntava a rinnovare piuttosto che contraddire il platonismo rinascimentale, rifondando la metafisica su basi sensiste (sarà attraverso una riflessione sugli stessi fenomeni terreni e le loro ragioni 'scientifiche', piuttosto che attraverso la contemplazione di quei vaghi oggetti simbolici e misteriosi rapporti di simpatia proposta dalla tradizione ermetica, che l'uomo troverà conferma dell'"ordine dell'universo" e della propria trascendenza), fin dall'inizio del proprio canzoniere Pignatelli sembrerebbe deciso a segnalare la volontà di andare oltre le posizioni rinascimentali, nelle conclusioni filosofiche come nell'ardimento metaforico.

Si potrà obiettare che il pensiero metaforico del poeta è ben altra cosa da quello logico del filosofo. Ma se questo vale per Aristotele (fino ad un certo punto però, visto ciò che ha da dire nella *Retorica* in merito al valore euristico della metafora) e a maggior ragione per i suoi seguaci scolastici, non vale certo per Cortese, che come abbiamo visto fa della metafora addirittura il fondamento della sua gnoseologia, e neanche per Pignatelli, che sulla predicazione metaforica della Donna-universo e dell'amore metafenomeno che comprende e riassume ogni moto del cielo e della terra impernia tutta una ricerca-dimostrazione del modo in cui si costruiscono i significati. Con questa differenza tra i due però, che Cortese rimane all'interno di quella tradizione platonico-ermetica che pur cerca di ammodernare, razionalizzare, spogliare dei suoi aspetti più mistificatorii[29], ritenendo che attraverso le sue "regole" di vicinanza e attinenza della materia figurata si possa garantire non solo la perspicuità del dettato, ma la sua stessa corrispondenza all'ordine, il *vero* sistema di relazioni che regge il cosmo. Pignatelli, al contrario, è sempre più incline a lasciare libero spazio al gioco delle associazioni, a catene e salti metaforici che lungi dal confermare l'univocità dell'ordine di un discorso che si apre e si chiude nel Verbo divino, ne dimostrano l'umana, soggettiva pluralità, e quindi l'arbitrarietà.

Non sorprenderà così se assai cospicuo risulta nella sua poesia il fenomeno dell'accumulazione di metafore che, considerate singolarmente, sono tutte o quasi tutte entimemi figurati tipici di un manierismo moderato, raziocinante, alla Cortese, ma che nel loro insieme, attraverso una serie quasi impercettibile di slittamenti, finiscono per dimostrarsi capaci solo di produrre chimere e illusioni. Ecco per esempio come viene svolto

---

29 – Esemplari le osservazioni su Giulio Camillo, censurato per i componimenti poetici traboccanti di "cose cabalistiche" che neanche lui comprendeva, ma pur sempre un chiaro punto di riferimento (CORTESE, *Avertimenti*, cit. p. 3).

il tema (già in Tasso, e poi sfruttato elegantemente dal Marino[30]) della "navigazione amorosa" (n. XIV):

> Freme ne gli occhi tempestoso, e spira
>   Amor procelle di superbi orgogli,
>   E 'l mio pianto è 'l suo mar, le sirti e scogli
>   Ov'io perisco, i suoi disdegni, e l'ira;
> Spinto è 'l mio cor da i venti, onde sospira,
>   Fra mill'onde di pene, e di cordogli,
>   E tu mio polo i lumi tuoi gli togli,
>   E le stelle nascondi, ov'ei si gira,
> E sommerso cadrà, se la tua luce,
>   Che pose Amor de le sue gioie in segno,
>   Quasi Leandro a lido hor non l'adduce:
> Ahi di somma beltà parto non degno,
>   Che mostri entro al suo pelago produce,
>   E la Venere sua madre è di sdegno.

A prima vista, il sonetto parrebbe svolgere puntualmente – per non dire meccanicamente – tutti gli elementi del repertorio metaforico petrarchesco atti ad essere incorporati nel 'racconto' della navigazione (pianto-mare; sospiri-venti; occhi-stelle e così via), ricomponendoli in un unico quadro, per così dire, di genere. Ma a fil di logica questa rapida sequenza di immagini regge a stento. Si comincia con lo sdegno dell'amata, la tempesta agitata da Amore negli occhi di lei che si nega alla vista dell'amante, per passare rapidamente agli occhi di lui, fonte del pianto che diventa subito il mare dove la tempesta si scatenerà. Senonché gli "orgogli" stavano negli occhi della donna: per quale misterioso processo di

---

30 –Interessante il confronto con l'esempio mariniano, di poco successivo (il sonetto "marittimo" *A due di due begli occhi Orse fatali*), e col più lungo svolgimento tassiano (il madrigale *Or che la nave mia* dalle *Stravaganti*, più difficilmente databile, ma comunque riconducibile probabilmente agli anni '70-'80 del secolo). La navigazione del Tasso segue un coerentissimo scenario psicologico: "Or che la nave mia / va per l'onde d'amor, di gelosia, / Il mar sempr'è turbato [...] Colma va dei desiri, / Son remi i pensier, venti i sospiri; / È la vela il mio core, / E i naviganti son Speme e Timore ..." (TORQUATO TASSO, *Opere,* a cura di Bruno Maier, vol. I, Milano, Rizzoli, 1963, pp. 423-4). Quella del Marino punta su una deliziosa scenografia di genere in cui il dio Amore adatta alla navigazione la conca di Venere e gli stessi propri attributi iconografici: "Su la materna conca Amor rivolto / Spargea per tutto il mar fiamme immortali. / Egli l'arco timon, remi gli strali / Fatto, e 'l candido lino agli occhi tolto / E 'n sembianza di vela a l'aria sciolto, / L'aura movea col ventillar de l'ali ..." (Marino, *Rime,* cit., p. 45). Pur partendo da presupposti icastici assai diversi, ambedue i testi li svolgono con la medesima coerenza prospettica, assai diversa dai salti logici del Pignatelli.

metamorfosi, nel progredire in "disdegni" ed "ira" (sempre di lei) sono ora trasformati in "sirti e scogli" (in rima con gli "orgogli" da cui derivano), accampati nel mare-pianto degli occhi di lui? Si salta quindi al cuore, spinto non si capisce se dalle procelle d'amore o dai sospiri dell'amante, per poi ritornare agli occhi della donna, non più cielo tempestoso, ma doppia stella polare segno delle gioie d'Amore quando benevoli si concedono. Nel frattempo il cuore, che prima poteva sembrare una nave in pericolo di schiantarsi, è diventato un nuotatore, e ce ne siamo appena accorti, che il pelago del pianto, il mare delle procelle d'Amore, da generico mare in tempesta, è diventato per estensione quello da cui nacque Venere, in cui Amore produce soltanto più i "mostri" dello sdegno, facendo ormai di lei la madre "di sdegno", appunto, più che di amore.

Normale poetica amministrazione, si dirà, ancora entro i limiti pseudo-logici del discorso amoroso. Il barocco porterà a ben più allucinate trasformazioni. Ma visto il rigore analogico che regge altre parti del canzoniere, e l'attenzione che si prestava a queste cose a Napoli (non solo da parte del Cortese)[31], quel parlare di "mostri", qui e altrove, non sarà forse un ironico riferimento alla poesia stessa, agli assurdi che nascono dal tentativo di esprimere e attribuire significato a questa esperienza? Come già si è accennato, in un altro sonetto (n. VIII), si parla di come:

> Trasse da i raggi de' begli occhi ardenti
>   Gravido il cor nove dolcezze, e care,
>   Ma si sparser poi fora in voci amare,
>   E fur doglioso parto i miei lamenti;
> Quindi nacquer d'affanni, e di tormenti
>   Mostri, che le mie doglie altrui fer chiare,
>   O s'al mal chiuso il pianto non fu pare,
>   Fur quasi aborti e nati insieme, e spenti ...

Qui l'allusione alla scrittura (proprio in questi anni, nella trattatistica, si comincia a parlare di "parti de l'ingegno" e di come il poeta "concepisse" concetti) mi pare quasi esplicita, svolgimento di quei temi dell'amore sorgente di poesia, e della poesia espressione insopprimibile seppure mai adeguata delle pene d'amore, che risalgono direttamente al Petrarca

---

31 – Si veda per esempio il già citato commento al Casa di Sertorio Quattromani.

(guarda il caso, le terzine di questo sonetto ritorneranno proprio alla metafora della fonte) ma che Pignatelli tratta il più delle volte con il disincanto di chi si rende perfettamente conto dell'assoluta arbitrarietà di questo gioco metaforico.

Si spiega allora la tendenza, già notata nell'accoppiamento finale di un sonetto ispirato al più ortodosso platonismo cattolico con un altro che ci riporta invece all'amore-tranello e rovina, a rifiutare una qualsiasi risoluzione, e si spiega il numero elevato di componimenti che sottolineano l'ambivalenza della predicazione metaforica della donna, il cui volto mostrerà segni interpretabili in sensi opposti, contraddittori, come nel n. XXIX:

> Sembra il bel volto d'amorose, e belle
>   Faci serene un vago ciel distinto,
>   Che di mille bellezze il sen dipinto
>   Scopre, e fiammeggia in queste parti e 'n quelle,
> Che sparso de l'odor de le novelle
>   Sue rose Flora, e del colore ha tinto,
>   E ne' begli occhi il Sol di raggi cinto
>   L'Aurora accende, et Hespero le stelle;
> Ma da le luci sue pure, e gioconde,
>   Che 'n un congiunse in sì benigni aspetti,
>   Crude influenze, e dure sorti infonde,
> Ch'ivi par, che leggiadra i suoi diletti
>   Spieghi Venere ben, ma non altronde
>   S'armi Orione, e Marte arda, e saetti.

Qui, in un testo che quasi a sottolineare la natura illusoria di qualsiasi interpretazione fondata su similitudini e metafore comincia con un "Sembra" e si conclude con un "par", si passa dalle lodi più convenzionali (il volto-cielo su cui campeggiano gli occhi-soli o stelle della prima quartina) alla constatazione che allora il volto dell'amata può configurarsi indifferentemente come un'alba, o un tramonto (seconda quartina). Si 'spiega' allora perché lo sguardo, apparentemente così benigno, dell'amata possa in realtà essere presago di "Crude influenze, e dure sorti" per l'amante (prima terzina). Se coesistono nel volto di lei la possibilità di un'alba e di un tramonto, vi si potranno leggere sia un 'aspetto' astrologicamente positivo, dove Venere stella del cielo diurno dispiega i suoi influssi amorosi, sia uno negativo, dominato invece da Orione e Marte, astri del cielo notturno, nonché nunzi di piogge (cioè pianti) e di guerre (terzina conclusiva). Per un verso il sonetto nulla fa di più che esprimere con rinnovata eleganza il paradosso, vecchio quanto la poesia amorosa, dell'amata che proprio in quanto sede di tutte le perfezioni e beatitudini è anche, negandole all'amante, fonte della più tremenda crudeltà e sofferenza. Ma lo fa sottolineando l'ambivalenza del procedimento metaforico (a seconda delle opportunità, gli occhi brilleranno delle luci dell'alba o del tramonto, significheranno amore o odio) e quindi l'assoluta arbitrarietà del procedimento attraverso il quale chi scrive interpreta la donna, e tutti i segni del mondo fenomenico a cui essa viene associata.

Il senso dell'arbitrarietà di qualsiasi procedimento euristico che parta da quel pensiero analogico che in poesia – anzi nelle scienze in generale, stando alla maggioranza dei 'filosofi naturali' del tempo[32] – è tutta la conoscenza possibile, si collega a un altro aspetto delle *Rime,* l'insistenza sull'amore come illusione, narcisistica autosuggestione, avvenimento soggettivo che si svolge tutto nella testa dell'amante (già implicita nel sonetto appena citato, ed espressa altrove con maggiore chiarezza, come per esempio nei nn. XII, XV, XLII, LXXIII, per cui si vedano le osservazioni nelle rispettive note esegetiche). E si collega anche alla predilezione per il complesso metaforico occhi-cielo-stelle-soli (trattato o accennato in quasi tutti i componimenti), strettamente associato, nella lirica rinascimentale, alla teofania platonica, che vede nella bellezza della donna un'immagine dell'ordine che regge l'universo, e quindi della stessa divinità. Eccetto che qui si tratta, in fin dei conti, di negare la validità stessa di questo procedimento. Perché infatti, se della tradizione erotica precedente (dai *troubadours* a Petrarca) il Rinascimento privilegia gli aspetti più generici, quelli che più che di un'esperienza individuale, autobiografica, parlano della donna e dell'amore come *figurae* del più generico problema del rapporto soggetto-mondo fenomenico, la poesia di Pignatelli costituisce di questa tendenza sia un'estrema elaborazione, sia la negazione.

---

32 – Valga per tutti la famosa asserzione di Francesco Bacone, secondo la quale *There is no proceeding in invention of knowledge but by similitude* (Non vi è [modo di] procedere nell'invenzione del sapere fuorché per similitudine).

È una linea che già aveva trovato una prima, scherzosa espressione a metà Cinquecento in uno dei 'maestri' di Pignatelli, Galeazzo di Tarsia, quando, dopo aver chiamato in causa buona parte del repertorio analogico petrarchista, finiva per rifiutarlo come semplice dimostrazione dell'egocentrismo del soggetto, la disperata quanto illogica volontà di addurre tutto il creato a giustificazione del comportamento proprio, e dell'amata:

> Te lagrimosa pianta, assembro a Amore
> benché altrove i miei mal sian gemme e scogli;
> tu sola e nuda verdi germi sciogli
> dal tuo grembo natio divelta fuore:
>   che è sì possente e di cotal vigore
> quella natura che da prima accogli,
> che nuovo parto a generar t'invogli
> allor ch'ogni altra si corrompe e muore.
>   Ei da la speme, onde si nutre e pasce,
> tolto lunga stagion, virtù non perde,
> ma spiega mille ognor freschi desiri.
>   Lasso, né fredda pietra od erba verde,
> onda, rena, pratello, orto non nasce
> che a tristo esempio del mio mal non giri.[33]

Ed è una tendenza che giungerà a maggiore, e più positivo sviluppo quando, poco dopo, la riprenderà Marino, trasformandola in affermazione dell'assoluto diritto del poeta di creare sempre nuove associazioni metaforiche ("In novo stile, in disusata foggia")[34], ben oltre il circuito del decoro petrarchesco, aprendo il varco a una nuova centralità del soggetto, a nuovi modi di concepire il significato al di fuori delle strettoie della teologia (non più quindi *per speculum in aenigmate*, quale lontano riflesso di quella piena corrispondenza di *res* e *verba* sottoscritta dalla divinità e dissoltasi dopo la cacciata dall'Eden, ma per autonoma volontà dell'uomo, al di fuori di qualsiasi sistema metafisico).

Qui, per esempio, in un sonetto il cui significato programmatico già è stato segnalato da Giovanni Pozzi, il rifugio amoroso, la possibilità di

---

33 – TARSIA, *Rime*, cit. p. 58.
34 – G.B. MARINO, *Adone*, a cura di M. Pieri, Bari, Laterza, 1975-76, I 120, 2.

una consumazione dei sensi, aprono le porte all'immaginazione poetica, in un confondersi e riassociarsi del creato ("scherzar [...] Il pesce con l'augel, l'ombra con l'onda") che trascende la cruda realtà del mondo degli oggetti, e le dicotomie che li distinguono:

> Or che l'aria e la terra arde, e fiammeggia,
> Né s'ode Euro che soffi, Aura che spiri:
> Et emulo del ciel, dovunque io miri,
> Saettato dal sole, il mar lampeggia:
>   Qui dove alta in su 'l lido elce verdeggia,
> Le braccia aprendo in spatiosi giri,
> E del suo crin ne' liquidi zaffiri
> Gli smeraldi vaghissimi vagheggia;
>   Qui qui Lilla ricovra, ove l'arena
> Fresca in ogni stagion, copre, e circonda
> Folta di verdi rami ombrosa scena.
>   Godrai qui meco in un l'acque, e la sponda,
> Vedrai scherzar su per la riva amena
> Il pesce con l'augel, l'ombra con l'onda.[35]

In Pignatelli, invece, uno scenario per molti versi analogo (e che richiama direttamente altre composizioni del Marino) porta a un dialogo tra amante e amata che riguarda anch'esso questioni di poetica, di rappresentazione del desiderio, ma rimane irrisolto, sospeso nell'opposizione tra due mondi contrastanti e apparentemente irriconciliabili (n. XLIV):

> Nel grembo accolti de la notte oscura
>   I miei furti amorosi Hespero havea,
>   Ma più che mille Soli, ivi splendea,
>   Cinta di rai, beltà celeste, e pura;
> Fortunato io godea lieta, e secura
>   Gioia nel sen de la mia bella Dea,
>   E note, e sospir misti ella spargea
>   Quasi faville di nascosta arsura;

---

35 – MARINO, *Rime,* cit. p. 53.

> "Ahi, che 'l foco ov'ardete", allor diss'io,
>   "Ancor me strugge (e ben più grave è 'l male
>   D'un doppio incendio) e 'l vostro accresce il mio".
> "Non", rispose, "io così, che 'l vostro ardore
>   Il mio consola, e ne la fiamma eguale,
>   Ch'ambo consuma, refrigerio ha 'l core".

Mentre Marino, dall'altra sponda della traversata 'in barocco' prospetterà una vita dei sensi dalla quale la poesia sarà in grado di trarre ordine e nuova armonia, per Pignatelli, anche passata la soglia del reciproco godimento, l'amore rimarrà fonte di divergenze interpretative, di quella ricerca mai risolta non solo di mezzi espressivi ma di significati che si nasconde sotto l'apparente equilibrio della "dualità temperata".

Ma non sarebbe giusto concludere un'introduzione alla poesia di Ascanio Pignatelli insistendo su ciò che in essa 'manca' per arrivare a Marino. Quali sono i suoi caratteri propri? Che cosa nel suo canzoniere ne giustifica il recupero, al di là delle possibili influenze, delle sperimentazioni o addirittura dello sperimentalismo? C'è qualcosa, in sé e per sé, che possa interessare il lettore di poesia (posto che esista ancora) oltre che gli addetti ai lavori? Non c'è, è chiaro, quel senso profondo di una coscienza individuale, tale da trascendere l'adesione alle convenzioni del genere, che anima la grande lirica cinquecentesca: il desiderio e la malinconia struggenti del Tasso, la spossatezza, il sentimento della morte, del Casa. E non c'è neppure la traccia di una vita vissuta, quei frammenti di un diario unico, vivacemente personale, che superano nella loro immediatezza le imperfezioni formali di Gaspara Stampa, o di Michelangelo. Altrettanto inopportuno mi pare cercare di elevare il suo 'disincanto ermeneutico' a visione tragica o comunque eterodossa del mondo. Ascanio si presenta, nella sua poesia, come un tranquillo signore dagli ampi interessi, dalla vivacissima curiosità intellettuale, un dilettante nel senso originale, più positivo del termine, che nell'*otium* aristocratico di un'età per quei tempi già avanzata ritorna alla coltivazione di un piccolo orto letterario, attività fabbrile, 'meccanica' o di laboratorio quasi quanto quella, non meno sperimentale, dell''alto-borghese' Della Porta o (tanto per coprire l'intera gamma degli *elitès* del tempo) di un Francesco I de' Medici,

principe sovrano, ma alchimista a tempo perso. È un'attività la sua esercitata con impegno, squisita attenzione, ma sempre, perfino nella Canzone in morte del fratello, con quel leggero distacco che contraddistingue
il gran signore.

Eppure è proprio questo distacco ad alimentare il 'disincanto': il rifiuto
di prendere troppo sul serio le formule preconfezionate, i massimi sistemi
del suo tempo, fossero quelli dell'aristotelismo degli anni padovani, o
del platonismo cortigiano, o fossero anche le nuove, e pure per lui assai
stimolanti speculazioni di Telesio, di Della Porta, di Cortese. Ed è il distacco che determina ciò che nella sua poesia è più interessante, vivace,
sentito. Notevole è, in primo luogo, il tentativo (non di rado quasi pienamente riuscito) di elaborare, a partire dal repertorio consueto, figure
che nell'equilibrio tra suggestioni sensorie e intellettuali rispondano con
rinnovata 'energia', 'evidenza' (nell'accezione tecnico-retorica del tempo,
di vigore, immediatezza, perspicuità) alla materia trattata. A questo si accoppia il riconoscimento (quasi del tutto assente nella tradizione lirica
aulica, che anche nell'estrema, previdibilissima superficialità dei cinquecenteschi compendi di 'rime di diversi signori', in fin dei conti si prende
terribilmente sul serio) di ciò che è narcisismo, solipsismo, in tutta l'"amorosa filosofia" del suo tempo e della sua casta. Ma non solo in *questo*
discorso: nella filosofia *tout court*. Perché, pur mantenendosi rigorosamente entro i termini tematici e linguistici del petrarchismo ortodosso,
la scrittura del Pignatelli oltrepassa i parametri del mondo cortigiano, la
pura socialità di quasi tutta la lirica cinquecentesca, maggiori compresi
(per cui anche la dimensione platonica, cosmica, del petrarchismo si riduce in fin dei conti a semplice giustificazione dell'egemonia aristocratica), riportando il discorso poetico alle sue radici, ai processi per cui il
soggetto si dice tale e cerca 'per metafora' di fissare il proprio essere
sfuggevole alle apparenti certezze del mondo fenomenico.

Potrebbe sembrare, l'agnosticismo dimostrato da Pignatelli davanti a
simili questioni, un preannuncio del libertinismo sei e settecentesco, o
addirittura del 'post-illuminismo' leopardiano (certi procedimenti induttivi
per analogia 'negata' impliciti nel suo linguaggio figurato puntano verso
i *Canti,* e sarebbe curioso sapere se qualcosa di lui Leopardi avesse conosciuto). Anche qui però è necessario guardarsi da una lettura troppo

facilmente moderna degli elementi nuovi della sua poesia. Non ci troviamo davanti né alla canzonatura nichilistica che sarà l'altra faccia del razionalismo scientifico, né al dubbio esistenziale che accompagnerà la 'fede' romantica. Quello del Pignatelli è un atteggiamento ironico, certo, ma nel senso puro, retorico, che accoppia e allo stesso tempo oppone il termine all'altro modo di 'parlare l'altro' per figura: l'allegoria. Ambedue dicono una cosa intendendone un'altra, ma laddove il procedimento allegorico è fondato sulla verità trascendente di quell''altro' che sta all'origine del significante e lo riempie di significato, il procedimento ironico presuppone, al contrario, che in fin dei conti il segno nulla possa mai indicare fuorché se stesso, configurandosi quindi come possibilità di rapporti significanti, ma soprattutto interrogazione sulla validità dei significati così prodotti, al di fuori di qualsiasi immanenza e di qualsiasi sistema metafisico. L'atteggiamento di Pignatelli di fronte alla materia amorosa, e ai suoi presupposti euristici, è appunto un atteggiamento critico, paragonabile (fatte le debite proporzioni) alla più fervida ricerca scientifica dell'epoca: quella di un Cremonini che spinge l'interrogazione del testo e del metodo peripatetici fino alle estreme conseguenze; di un Galileo che nella *Lettera a Cristina di Lorena* tenterà di affrancare la filosofia naturale dal dogma scritturale ipotizzando la *non* perspicuità dei fenomeni naturali, terreni o celesti che siano, quale punto di partenza di una libera ricerca.

È appunto in rapporto a questa ironia critica che va compreso un altro aspetto della poesia di Pignatelli, l'insistenza su certi *topoi* della poesia amorosa quali il valore salvifico dell'amore (n. XLI), il martirio degli amanti (per di più adulteri) con annessa apoteosi (nn. CVII-CVIII), l'ineluttabilità del destino amoroso, come nella chiusura di un sonetto (n. III) la cui prima parte abbiamo già notato come esempio di discorso (pseudo) scientifico, che potrà essere addotto a istanza esemplare di pensiero 'eterodosso'[36]:

---

36 – Ma si vedano anche, per esempio: il sonetto n. XLI, che addirittura adombra un'eucarestia amorosa; il n. LIII, dove la Donna è per metafora un nuovo universo creato da Amore; il n. C, dove, sempre per metafora, si rappresenta un feroce sacrificio pagano; il n. CIV, *Mentre passava l'hore in una dolcissima conversatione ov'era la sua Donna,* in cui la situazione che consente di godere della presenza dell'amata determina uno stato d'animo prossimo a quello del raccoglimento religioso, e dà luogo a una perorazione che (anche prescindendo dai riferimenti al 'fato' etc.) non sfigurerebbe, mutato il soggetto, in una predica. Anche questo potrebbe aver ripreso da lui Marino, che della parodia del sacro fece quasi un mestiere.

> Allor lo schermo, ond'io mi fea riparo,
>   Fe' proprio albergo, e l'armi, e questa mano
>   Volte a sua gloria i suoi trionfi ornaro:
> E ben sottrarsi a dura sorte in vano
>   Altri si può, ned al suo fato amaro
>   Chi cede è men, che chi contrasta insano.

Per un verso, nulla di nuovo qui rispetto alla tradizione: siamo di fronte alla solita scontatissima dichiarazione, vecchia quanto la poesia erotica, circa l'impossibilità e di sottrarsi all'amore carnale e di trovarvi vera gioia e appagamento. Ma l'attribuzione all'"influsso" della donna-stella degli stessi poteri sull'uomo che l'astrologia attribuiva a quello delle stelle vere, espressa nella seconda terzina in termini che riprendono quasi *verbatim* il dibattito sull'evitabilità o meno del *siderale fatum,* va oltre le generiche allusioni al 'destino dell'amante', coinvolgendo ben più gravi questioni filosofiche e teologiche.

Già insistere su questo tema nell'ultimo scorcio del Cinquecento, in pieno clima controriformistico, era rischioso (proprio in questi anni cominciano ad apparire quegli avvertimenti "A' Lettori" di non prendere alla lettera l'uso nella poesia amorosa di siffatti termini). Tanto più che, come abbiamo già visto, lungi dall'essere il solito complimento galante, il testo si rifà a un discorso più filosoficamente impegnato, per cui lo "schermo" di cui si parla è la ragione, che lungi dall'essere in grado di proibire alla Donna l'ingresso ne forma un'immagine ingrandita, magnificata, volgendo "a sua gloria" l'intelletto-armi di difesa, e il discorso che ne deriva ("questa mano", impegnata a scrivere di lei). Se gli influssi celesti sono ineluttabili, allora opporvisi con la ragione sarà inutile, quindi irrazionale. Né più razionale risulterà la linea di condotta opposta, cedere al "fato amaro", impiegando la ragione per glorificare la Donna che ne è portatrice – magari, come si dice in altri testi, generando "mostri" e "aborti". Ma allora, ci troviamo veramente di fronte all'incontrastabile forza dell'amata, e dell'amore terreno, o alla cervellotica autosuggestione dell'amante stesso, capace 'per metafora' di giungere a qualsiasi conclusione, non importa quanto contraddittoria o assurda ? Sicuramente, questa dichiarazione di determinismo astrale, più che una sfida ai dogmi cristiani comporta la *reductio ad absurdum* di quelli dell'amorosa filosofia. Ciò non toglie che il procedimento tenda a minare i presupposti epistemologici di ambedue i massimi sistemi filosofici dell'epoca, platonico e scolastico. Ma l'ironia, per quanto corrosiva, è rivolta ai rispettivi assunti circa la possibilità di una predicazione oggettiva del rapporto soggetto-mondo fenomenico, all'arroganza, egocentrismo, di chi faccia di simile predicazione la sua meta, e quindi, seppure indirettamente, alla vanità di qualsiasi tentativo di chiamare in causa e l'una e l'altra filosofia per dimostrare ciò che in realtà è questione di fede, al di fuori di qualsiasi verifica. Perché anzi la Fede, in sé e per sé, occupa un ruolo centralissimo, qualititativamente determinante seppure quantitativamente modesto, nelle *Rime*.

Per quanto intellettualmente ardito, l'ambiente napoletano *fin de siècle* a cui apparteneva Pignatelli era tutt'altro che agnostico o libertino, animato anzi dal più fervido spirito di rinnovamento cattolico. Già negli anni '70 e '80 del secolo, quando la Chiesa post-tridentina, preoccupata soprattutto di riformare il clero e reprimere l'eresia, scarsa attenzione rivolgeva alla propaganda, e al possibile impiego della letteratura volgare come strumento di ricupero di quei soggetti (intellettuali 'disorganici', artigiani e piccoli imprenditori, donne dei ceti medio-alti) che più si erano rivelati suscettibili alle suggestioni del protestantesimo, un Benedetto Dell'Uva avanzava proposte di poesia piana, divulgativa, intesa a diffondere i valori e i dogmi romani e a combattere la predicazione ereticale attraverso agiografie e storie bibliche. Né meno impegnati furono gli intellettuali napoletani della generazione successiva, dal Cortese, chierico egli stesso, la cui principale opera a stampa fu i *Concetti cattolici ridotti in forma d'orazione* (Napoli, Salviani, 1586), al suo biografo Paolo Regio, vescovo di Vico, autore anch'egli di numerose vite dei santi, e soprattutto teorico di una poesia sacra che "introduce al retto vivere dalla fanciullezza, e ne insegna i costumi, gli affetti e l'azzioni con diletto"[37]. Sono scritture che Quondam ha definito 'controriformistiche', ma che visti il clima di libera ricerca intellettuale da una parte, e l'enfasi sugli aspetti morali, intimi della fede dall'altra, più correttamente si iscriveranno tra

---

37 – PAOLO REGIO, *Discorso intorno l'allegoria sua universale e la vera poesia*, prefazione alla sua *Sirenide, poema spirituale ove si dimostrano le pene e i premi che per cagion del vizio e della virtù si conseguiscono*, Napoli, Pace, 1603, p. 9.

gli ultimi tentativi di riforma cattolica, ancor lontani come sono dal trionfalismo della cultura romana dei decenni successivi.

Seppure marginalmente legato a questi interessi divulgativi, è proprio in rapporto ad essi che si dovrà leggere il piccolo saggio di poesia "sacra" che anche il laico Pignatelli sente l'esigenza di inserire nel suo canzoniere. Certo, la presenza di una percentuale di componimenti d'argomento religioso in una collezione del genere, lungi dall'essere insolita, era praticamente obbligatoria. Ma come già si è osservato, il trattamento che ne fa Pignatelli non rientra appieno né nella logica della conversione finale a Dio, né in quella della sublimazione dell'amore terreno in celeste, così come le aveva elaborate il petrarchismo. Già questo distacca Pignatelli dalla maggior parte dei rimatori cinquecenteschi. E non meno si distingue la sua scrittura dalla media della lirica devota coeva, ivi compresa anche la produzione di poeti religiosi, per così dire, di professione, quali Gabriele Fiamma e Angelo Grillo, preoccupati di illustrare esemplarmente un programma devozionale e gli istituti simbolici della Fede, più che non di esplorare il senso delle proprie credenze.

Così i tre sonetti che nelle *Rime* dovrebbero costituire, secondo le 'stazioni' del canzoniere, il rivolgimento a Dio (dopo il quasi prefatorio, sebbene assai più convenzionale, n. CXVI *alla Maddalena*), concentrati sull'espressione degli 'affetti' della conversione, sfruttano la lezione espressiva ('energia' ed 'evidenza') delle rime amorose, a cui viene ad aggiungersi però un ben diverso impegno:

> Signor, ben sembro anch'io povero oscuro
>   Sepolcro a te, cui breve spatio è il mondo,
>   Ma più del primo tuo rozzo, et immondo,
>   Fetido già di mille colpe, e 'mpuro;
> Quel marmo del mio cor sì freddo e duro
>   Ecco a te s'apre, e dentro in lui t'ascondo …

Qui (n. CXVII) l'abile svolgimento della similitudine iniziale – non certo nuova – del cuore-sepolcro dove Cristo si concede a un ennesimo, redentorio atto d'immolazione acquista risonanze assai più originali quando la rinnovata 'sepoltura' del figlio di Dio prosegue passo passo con la tradizione scritturale lungo una seconda metaforica traversata agli

Inferi:

> Tu risorgendo passa, u' chiusi in fondo
> In me i tuoi doni, e tante gratie furo,
> Che, qual già i primi padri, hor queste in mano
> A signor crudo in prigion cieca indegna
> Giacquero volte a vil servitio, e vano ...

Ciò che mi pare particolarmente notevole in questa estrapolazione è il modo in cui gli stessi serratissimi procedimenti paralogici già impiegati in alcune delle poesie profane (come appunto l'appena citato sonetto n. III) onde evidenziare l'insufficienza del razionalismo, vengono qui sfoderati per sottolineare il passaggio *oltre* la ragione, una riconversione a Dio avvenuta, letteralmente, seppure al di fuori di qualsiasi logica, per ripetizione *ad hominem* del dramma salvifico universale. Il sonetto si ricollega così da un lato a quella riscoperta personale, intima e immediata di Cristo su cui insistevano sia i teologi protestanti che quelli della riforma cattolica, e dall'altro alla consapevolezza dei limiti del raziocinio che caratterizza un po' tutta la poesia del Pignatelli. Il "marmo del mio cor sì freddo e duro" penetrato da Cristo si configura infatti quasi come una iterazione del "gielo" che nel sonetto n. III avrebbe dovuto difendere l'anima dallo "splendore" diversamente penetrante della donna. Ma mentre lì lo scioglimento del "ghiaccio" portava, seppur ironicamente, a un cortocircuito logico e alla negazione del libero arbitrio, ben diversa in questo caso è la risoluzione auspicata:

> Scioglile tu, tua sol l'alma divegna,
> Che per te fu creata, e 'l core insano
> In voce e 'n atti a riverirti insegna.

Come già i patriarchi della Bibbia furono condotti fuori dall'Inferno, così ora le "gratie" ricevute da Dio, prigioniere nella tomba del cuore peccaminoso, solo per diretto intervento divino potranno essere liberate, e il cuore "insano", corrotto dal peccato (ma anche forse da un uso assurdo, eccessivo, della ragione), potrà piegarsi a un diverso, più umile impiego del significante.

È un tema ripreso direttamente nel testo successivo, che comincia:

> Fra gli abissi, Signor, dove sepolta
> 	L'alma si giacque dal tuo lume esclusa,
> 	L'occhio, e l'orecchia, che 'l suo fallo ha chiusa,
> 	Apri, e rimira, e le mie voci ascolta …

e si conclude nel gioco matematico, anzi algebrico, della moltiplicazione divina dei doni originali che è allo stesso tempo ritorno alla loro pura, inadulterata valenza originale (discorso logico per eccellenza, ma del tutto al di fuori del controllo umano):

> Tu radoppia le gratie, e 'n lei ravviva
> 	L'opra tua spenta, e con la mano amica
> 	Quel, che formasti, or riformando aita.

Che cosa significhi poi questa divina 'riforma' ce lo dicono i ritmi martellanti, quasi guerreschi, che nel terzo e ultimo sonetto del gruppo (n. CXIX) danno concretezza alla possibilità di una vittoria finale:

> Te, che sei vita altrui, di vita hor priva
> 	Fallo, che provocò divino sdegno,
> 	Et ei non more: ahi duro fatto indegno,
> 	Che chi t'ancise, in me pur spiri, e viva;
> A i tuoi nemici non sdegnosa, e schiva
> 	Può dar quest'alma in sé vita, e sostegno,
> 	Empia, e nutrir ne i sensi, e ne l'ingegno
> 	De la tua morte ancor la cagion viva?
> Può chi diè morte a l'immortal tua vita
> 	Far le mie colpe eterne, onde la morte,
> 	Che 'n te s'estinse, in me regni infinita?
> Deh se già vinto il vincitor tuo forte
> 	Debile hor cade, sia con la tu' aita
> 	Di vittorie e corone anch'io consorte.

Sono voci che nella loro forza espressiva più facilmente ricordano la grande poesia religiosa del Nord, gli *Holy Sonnets* di John Donne, il *Temple* di George Herbert che non quella, assai anemica, dell'Italia post-tridentina. E non solo per forza espressiva: anche per quello che continua a trasparirvi, sotto la dichiarata umiltà del discorso, dell'ancor vivo orgoglio, la presunzione quasi, di chi si cimenti a imitare, e addirittura 'suggerire' a Dio, le vie della redenzione.

Ma forse ancor più notevoli sono le tonalità chiaroscurali dei sette sonetti "sovra la sua così lunga infermità" (nn. LXXV-LXXXI) che costituiscono il nucleo centrale delle *Rime*. Sospesi tra sacro e profano, laddove il lessico amoroso ritorna tale e quale nel discorso del pentimento, essi colgono qualcosa della vera incertezza di qualsiasi appello alla religione, e alla divinità, che è sempre in qualche modo evasione, sublimazione di timori e desideri fin troppo legati all'esperienza terrena. Significativa, in questo senso, è la collocazione del ciclo nel bel mezzo di quell'ordine (solo apparentemente) narrativo per cui la seconda parte delle *Rime* sembrerebbe puntare a una risoluzione, il superamento dell'amore terreno, mentre in realtà nulla di più fa che ripercorrere sinteticamente l'itinerario della prima parte. E non meno significativa è la disposizione concentrica dei sette sonetti, il primo e l'ultimo dei quali sono allocuzioni rivolte direttamente al "Signore", mentre il secondo e il sesto trattano, col medesimo lessico, l'intervento di "Amore" e "speme", e il terzo e il quinto meditano la debolezza della carne e l'avvento della morte. Sono passibili questi testi, come il canzoniere nel suo insieme, di essere letti come una storia compiuta, che implichi una qualche risoluzione, ma anche come un itinerario circolare che ci riporta al punto di partenza.

L'inizio di ogni sonetto del ciclo, infatti, riprende e risolve in qualche modo la chiusa del precedente. Le "dolcezze" del "senso" e il "foco" divino, che si contrappongono nel n. LXXV, confluiscono ambedue nella "face" di "Amor" del n. LXXVI. Questo si conclude a sua volta con la lotta di Amore e Morte, ma nella prima quartina del n. LXXVII il trionfo della morte, che "nel volto vincitrice altera Erge de' suoi trofei pallida insegna" si configura tale e quale gli innumerevoli trionfi d'Amore della poesia erotica. La dicotomia tra un "viver [...] Breve et incerto" e un "morir che dura" a cui porta a sua volta la chiusura di questo sonetto cede il passo, nel successivo (n. LXXVIII), al desiderio di veder "rotto il duro stame" terreno, onde passare a vita immortale, concetto voltato nelle terzine in quello della "dolcissima ferita" che, lungi dall'uccidere, sana. La morte qui (quasi) auspicata si trasforma poi nel n. LXXIX in naturale rapido procedere "al mio fin" (l'*incipit*) che basterà non cercare di arrestare, ma assecondare finché l'anima "voli [...] al suo ben libera, e lieta" (la chiusa). Sempre con un movimento verso l'alto comincia il sonetto seguente ("Sorge [...] la speme"), speme che questa volta però si dimostrerà fallace, superba, e quindi in fin dei conti nutrice di "eterno mal". Giungiamo così all'ultimo testo, che ritorna alle punture di un "angue", fonte di iterate sofferenze, "sì lungo affanno", addotte quale argomento per ottenere la divina ricompensa, penitenza che aprirà le porte al *regnum caelorum,* il che ci riporta al punto di partenza, le pene della "così lunga infermità" come divina purga del primo sonetto, che deve trarre il poeta verso Dio.

È possibile intravvedere in tutto questo movimento un avvicinarsi, un riconciliarsi con Dio, dalla violenza subita (sia pure a fin di bene) del primo sonetto alla serena rassegnazione dell'ultimo. Possibile, ma non certo, perché se chiediamo quale mutamento nella situazione del poeta, quale maturazione della sua fede, quale certezza in più comporti realmente questo concitato passare di metafora in similitudine in metafora, stenteremmo a dire. Qui ancor più che nelle rime amorose permane un fortissimo elemento di indeterminatezza, il riconoscimento dell'impossibilità di giungere a una conoscenza oggettiva. Se valgono tali incertezze per il mondo terreno, varranno ancor più per quello celeste, e in un certo senso la circolarità di questa sezione nulla di più è che il riconoscimento, perfettamente compatibile con il pensiero cristiano (seppure non tanto con certo trionfalismo cattolico post-tridentino), che la fede nella vita eterna, e la speranza nella propria salvezza, sono esattamente tali, fede e speranza, un abbandonarsi all'altro e non un reggersi, un elevarsi al cielo, per forza propria. Il che ci riporta a quelle immagini di ambizione punita (i giganti, Icaro) con cui si inaugurano le *Rime.* Ambizione poetica e amorosa, in quel caso, pagana e non certo religiosa, ma a ben guardare, le due, così come le rappresenta Pignatelli, non sono poi così diverse.

Certo, fin dai tempi di Dante e Petrarca, il lessico erotico e quello sacro erano praticamente intercambiabili. Ma già colpisce di più qui per il fatto che il ciclo dell'infermità non costituisce l'inizio di un ripensamento che porti alla piena conversione a Dio, bensì una pausa nell'itinerario amoroso (a sua volta pesantemente segnato, come abbiamo notato, dall'usurpazione da parte di Amore di attributi meglio riservati alla divinità cristiana). Non solo: la presenza quasi dappertutto in questi sonetti di immagini particolarmente care al petrarchisimo tardo-rinascimentale sembrerebbe ulteriormente sottolineata dalla loro sottile ambivalenza. Così, se nel n. LXXV è il "Signore" che "sferza, e punge" (e già bisogna arrivare alla seconda quartina per essere certi che del Dio cristiano e non di Amore si tratti), nel n. LXXXI quasi le stesse violenze ("percote [...] punge") sono attribuite a un "insaziabil angue" che "nove piaghe al cor trafitto aggiunge", e potrebbe essere la malattia, un rigurgito di amore sensuale, o Satana, o anche tutti e tre. La metafora della morte fiume torbido precipitoso proveniente da "alto giel" (n. LXXIX) ricalca assai precisamente quella dell'amore "picciol rio" che cresce fino a farsi fiume maestoso, mentre la Morte del n. LXXVII, abbiamo già notato, campeggia trionfale sul volto del malato, come faceva altrove Amore.

Ma sono soprattutto l'indeterminatezza dell'amore e della "speme" che rivisitano improvvisamente il poeta a richiamare l'attenzione sulla contaminazione, se non addirittura la confusione, tra sacro e profano, come nel penultimo sonetto (n. LXXX), che pur non riferendosi direttamente ad Amore tratta di una "speme alta, e sublime", ad esso strettamente collegata (lo conferma l'uso delle stesse parole-chiave del sonetto LXXVI ove di una speranza terrena si tratta: là "sostene", "dolcezze", "dolcezze", "eterna"; qui "sostegno", "dolcezza" , "eterno"). Per quanto apparentemente nobile, questa speranza "Drizza a nuovi desir superba mole" e "'n poca gioia eterno mal nutrica". Sarà sicuramente allora una speranza di guarigione fisica, da associare al perdurante desiderio terreno. Eccetto che a ben riflettere, lo stesso si diceva, nelle meditazioni spirituali del tempo, di una speranza di salvezza fondata non sull'umiltà, nel rimettersi alla volontà divina, ma su un eccessivo, orgoglioso affidamento nelle proprie virtù.

Dove sta allora la verità, in questo groviglio, anzi labirinto di traslati? C'è veramente non diciamo una certezza, ma almeno una fede, o è ancora tutto, come nelle rime amorose, illusione, autosuggestione, egocentrismo? Si sarebbe tentati di dire che anche qui, e fino all'ultimo, l'agnosticismo, il disincanto ermeneutico del Pignatelli finiscano per avere la meglio. Senonché emerge, nel bel mezzo di tutte queste ambiguità e indeterminatezze, ben altro discorso metaforico, che si gloria di *non* essere nuovo e arguto (n. LXXVIII):

> O quando fia, che rotto il duro stame
>   Che co 'l mondo mi lega, al ciel mi mene,
>   E da gli abissi a l'ombre sue serene
>   Smarrita agnella il mio pastor mi chiame?
> Quando fra i paschi e i rivi suoi la fame
>   Sarà che satii, e la mia sete affrene,
>   E certa l'alma il suo perpetuo bene
>   Tranquillo goda, e più non speri, o brame?
> Deh, ché non sdegno homai di questa vita
>   L'alte lusinghe, onde ritiemmi, e toglie
>   Sotto un breve piacer gioia infinita?
> Ché non morte desio, s'ella mi scioglie,
>   E tronca con dolcissima ferita
>   L'empia radice di sì amare doglie?

Questo improvviso apparire di pastori ed agnelli, tolti di peso dai salmi, contrasta con il linguaggio amoroso che lo circonda, quasi un restituire la parola, in tutta la sua originale innocenza, a Dio (e in questo improvviso, umile ritorno si avvicina al Petrarca di "Vergine bella" più che non alla poesia religiosa e all'omiletica del tempo, troppo facilmente infarcite di dotte allusioni alla *Vulgata,* e ai padri della Chiesa). Né pretende di esprimere una conversione, un ripensamento, un programma di vita futuro. Dà voce semplicemente, qui nel centro ideale del canzoniere, al desiderio di un riposo dei sensi e dell'intelletto, una trasparenza del *verbo,* che il significante instabile non può, non riesce a contemplare.

Nel licenziare questo lavoro, desidero ringraziare il personale della John Rylands University Library, Manchester, della cui preziosa collezione di cinquecentine napoletane mi sono avvalso nella preparazione del testo e delle note. Altre ricerche bibliografiche hanno condotto per me il dott. Aldo Coletto, della Biblioteca Nazionale Braidense, il dott. Gennaro Alifuoco, della Biblioteca Nazionale Vittorio Emanuele III di Napoli, la dott.ssa Luigia Grilla, dell'Archivio di Stato di Napoli, e la dott.ssa Alessandra Tizzani, collaboratrice del Dipartimento d'Italianistica dell'Università di Lancaster. Anche a loro devo le più vive grazie. Ma soprattutto, la mia riconoscenza va a Rossana Sodano e Domenico Chiodo, che hanno voluto accogliere le *Rime* del Pignatelli tra le pubblicazioni Res, e che forti della loro esperienza mi hanno fornito molti preziosi consigli e suggerito correzioni. Senza il loro aiuto, sicuramente, ben più numerosi sarebbero gli errori e le lacune di questa edizione. Quelli che rimangono, ovviamente, sono da imputare solo a chi scrive.

RIME

DEL SIGNOR ASCANIO PIGNATELLO

CAVALIERO NAPOLETANO

I

De la mia calda età l'ardente voglia,
    Che 'n giovenil desio già fervid'arse,
    E fuor le fiamme vaneggiando sparse,
    Tepido homai pensier canuto accoglia;
Ahi dal pianto non speri, e da la doglia
    Gloria, né pregi hor de' su' errori ornarse,
    Ma procuri pentita in sé ritrarse,
    E vergognosa a gli occhi altrui si toglia;
Chiuda pietoso in parte ima, e profonda,
    E fra i secreti suoi silentio amico
    L'alto principio di mie colpe asconda;
I miei danni presenti, e 'l fallo antico
    Oblio compensi, e la memoria immonda
    Spenga doglioso il cor, se non pudico.

II

Al ciel seren de' tuoi bei lumi ardisco
      Me poggiando inalzar sovra me stesso,
      E monti a monti di speranze intesso,
      E chiaro a l'alma il precipitio ordisco,
Che se sprezzando allor la pena e 'l risco
      Con la penna al desio tento gir presso,
      Sotto 'l gran peso di tue lodi oppresso
      Qual da soma inegual, caggio, e languisco;
Lasso e son io quel tuo celeste, e schietto
      Giro di glorie in poco amica sorte
      Debole Alcide a sostenere eletto,
Ch'a me da grave duol fatto men forte
      Da la tua crudeltà forse è disdetto
      Che 'l tuo bel nome ad altra età riporte.

III

L'alma beltà, che da due stelle al core
      Quasi celeste influsso in me discese,
      In cui vagando in mille parti apprese
      Le prime fiamme il mio fatale ardore,
Passò ne l'alma, e 'mpresse il suo splendore
      Vivo sì, che 'l mio giel non mi difese,
      Anzi, qual raggio in vetro, ivi s'accese,
      E trasse dal mio ghiaccio incendio fore;
Allor lo schermo, ond'io mi fea riparo,
    . Fe' proprio albergo, e l'armi, e questa mano
      Volte a sua gloria i suoi trionfi ornaro:
E ben sottrarsi a dura sorte in vano
      Altri si può, ned al suo fato amaro
      Chi cede è men, che chi contrasta insano.

IV

L'alta beltà, che da' begli occhi fore
    Luminosa et ardente i raggi stese,
    Ma de le fiamme sue, ch'ivi raccese,
    In lor la luce, e pose in me l'ardore,
Girando altera intorno il suo splendore
    Per l'ampio ciel di mille glorie accese
    (Quasi eterno suo corso) in me discese,
    E stelle sparse, e lumi impresse al core;
Sembrar duo poli, in cui fisso, et avolto
    Di tante faci il vago giro apparse,
    Quindi il mio petto, e quinci il suo bel volto:
Ella di fredde, e chiare luci ornarse
    Qual Borea, et io qual Austro il foco accolto
    Spirar, che dentro incennerimmi, et arse.

V

Sparso tra i fiori e l'herba in picciol'onda
    Sorge placido rivo, e debil esce,
    Poi mill'acque a le sue correndo accresce,
    E le campagne altero fiume inonda;
Tal parve in vista altrui vaga, e gioconda,
    Mentre in se stessa si rinvolve e mesce,
    Che ruinosa si distende e cresce
    Breve favilla, e 'n lungo incendio abonda;
Così già nato da leggiadre voglie
    Amor s'avanza, e 'n me diletto, e speme
    Quasi fra via mille tormenti accoglie,
E 'l desio, ch'ebbe da sì dolce seme
    Scarse radici, hora d'amare doglie
    Sparte e diffuse ha le sue parti estreme.

VI

Fra le pene, ch'eterno il mio duol fanno,
  S'aggira l'alma, e sempre a pianger riede,
  Et a l'antico un nuovo mal succede
  Quasi ampio cerchio di perpetuo affanno;
Ben come centro, a cui veloci vanno
  Le spere intorno, immoto il mio cor siede,
  E quel saldo voler de la sua fede
  Non cangia il tempo mai, né scema il danno:
Son io vero Ission, che volga, e giri
  Penosa rota, che continua mova,
  E nel suo moto avanzi i miei martiri,
Ma chi m'offende mi consola, e giova,
  Che forza porge a i lassi miei desiri,
  E co i tormenti anco il vigor rinova.

VII

Apre il bel guardo entro al mio cor la via
  Ferendo, e passa in lui vago, e sereno,
  Et ei le piaghe, onde v'accoglie in seno,
  Donna, più gravi, e spesse aver desia;
Per queste entrando voi leggiadra e pia
  De le vostre bellezze Amor m'ha pieno,
  Porte amorose, ond'ei soave a pieno
  Le dolcezze e le gratie ognor m'invia;
Ma se l'entrar fu vostro, indi l'uscita
  Non lice poi, che 'n prigion dolce, e stretta
  Seco ritienvi nel mio petto unita,
E ben presa serbar chi mi saetta
  Dentro in me stesso, fia cara e gradita
  Di cotante ferite aver vendetta.

VIII

Trasse da i raggi de' begli occhi ardenti
    Gravido il cor nove dolcezze, e care,
    Ma si sparser poi fora in voci amare,
    E fur doglioso parto i miei lamenti;
Quindi nacquer d'affanni, e di tormenti
    Mostri, che le mie doglie altrui fer chiare,
    O s'al mal chiuso il pianto non fu pare,
    Fur quasi aborti e nati insieme, e spenti:
Larga fonte sembrai, che 'n sé ripiena
    Versa perpetuo humor, né toglie, o manca
    Il corso eterno suo l'antica vena;
Sfogai piangendo, e 'n me non restò manca
    La cagion de le lagrime, e la pena
    Crebbe nel duol né scarsa mai, né stanca.

IX

Ostro e perle dal mar, ligustri e rose
    Da la terra, e dal ciel raggi e faville
    Temprò Natura insieme, e 'n voi di mille
    Sparse bellezze un misto bel compose,
E da benigne stelle, alte amorose
    Grazie raccolse, e nel bel volto unille,
    E qual è ch'aura spiri, o pianta stille
    Odor più grato, entro a le labbra ascose;
Ma tolse da le fere alma rubella,
    Vaga di pianti, e ne l'altrui martire
    Selvaggia, e cruda più quanto più bella:
Empia, ch'a tanti fregi alletti e tire,
    Poi quasi angue tra' fior, fallace e fella
    Sparga fra le dolcezze i toschi, e l'ire.

X

Tosto che sfavillando il raggio apparse
    Donna, del vostro sguardo almo, e sereno,
    Qual con ascosto foco arde il baleno,
    Di fuor non parve, e dentro il mio cor arse;
Io le sue fiamme, che sì dolci ei sparse,
    In mille forme ingordo accolsi in seno,
    E sentii di speranze, e d'amor pieno
    Fucina lui di nuovo incendio farse;
Voi fera il loco, ove ricetto aveste
    Povero sì, ma ben fido, et amico,
    Fuor d'ogni human costume empia struggeste,
E sovra l'alma, che 'l dominio antico
    Dievvi de' suoi pensier, cruda reggeste
    Superbo imperio, e di pietà nemico.

XI

Sorge il pensier qual pianta, in cui derivi
    Gl'influssi il cielo, e sparga i raggi, e l'onde,
    Ché dolce in lui celeste volto infonde
    Di gratie i lumi, e di dolcezze i rivi;
Cresce, e tronco è 'l desio, che verdi e vivi
    I rami spande, e la speranza è fronde,
    E fior le voglie sue purgate e monde,
    E frutti l'opre, e gli atti honesti e schivi;
Ben ei, rivolto ove possente spira
    Virtù fattrice, a quelle luci sole,
    Che fur principio, or come a fin si gira:
Nuovo Elitropio che vagheggia, e cole
    L'amato oggetto, e riverente ammira,
    Quasi sua forma, de' begli occhi il Sole.

XII

*[Ad una Donna che stando per cadere s'appoggiò
al braccio dell'Autore]*

Cadea lasso il mio cor, ma fu ritegno
    Man, che cader temendo in me si stese,
    E di quel che chiedea larga e cortese
    Aiuto porse, onde cercò sostegno;
Stringer con dolce forza al braccio segno
    Di fuor mi fe', ma l'alma entro mi prese,
    E 'l doppio incarco di sì care offese
    Portar col corpo, e col pensier fui degno;
Né così vago, e glorioso il pondo
    De le sue spere mai sofferse Atlante,
    Com'in me provo il mio lieve, e giocondo:
Soave peso di felice amante,
    Che ne gli omeri suoi sostene il mondo,
    E 'l ciel raggira di bellezze tante.

XIII

Fra le bellezze, ond'apre il paradiso
    De le sue glorie a i suoi beati Amore,
    Quasi in sereno ciel nuovo splendore,
    Giugne a l'antica maggior gratia il riso;
D'infinite vaghezze allor dal viso
    Nasce un concento, e misto appar di fore,
    Come di mille fior confuso odore
    Spira distinto in parte, e non diviso:
Spiegate o Donna i bei rubini accensi
    Su le candide perle, onde cortese
    I suoi tesori Amor sparga, e dispensi,
E con nove arti, che da gli atti apprese
    Del vostro volto, di dolcezza i sensi
    Leghi, e siano i piacer pari a l'offese.

XIV

Freme ne gli occhi tempestoso, e spira
    Amor procelle di superbi orgogli,
    E 'l mio pianto è 'l suo mar, le sirti e scogli
    Ov'io perisco, i suoi disdegni, e l'ira;
Spinto è 'l mio cor da i venti, onde sospira,
    Fra mill'onde di pene, e di cordogli,
    E tu mio polo i lumi tuoi gli togli,
    E le stelle nascondi, ov'ei si gira,
E sommerso cadrà, se la tua luce,
    Che pose Amor de le sue gioie in segno,
    Quasi Leandro a lido hor non l'adduce:
Ahi di somma beltà parto non degno,
    Che mostri entro al suo pelago produce,
    E la Venere sua madre è di sdegno.

XV

[*Ad un suo tacito amore*]

Strinsi nel cor le fiamme, e 'n me frenai
    L'antico duol, che già piangendo io sciolsi,
    E in un muto parlar, che tace e duolsi,
    Chiedei mercede, e 'n quel tacer gridai;
Così poi ch'empia aver Donna mirai
    Chiuse l'orecchie al pianto, onde mi dolsi,
    Le mie pene coprir tacito volsi
    Aperte sol de' suoi begli occhi a i rai;
Che per la via, che larga Amor l'aperse,
    Le scoprisse nel cor, quasi in abissi
    D'alta humiltade, e riverenza immerse,
E più scorgendo in me di quel ch'io dissi,
    Questi, dicesse, i suoi dolor sofferse
    Gravi ne l'alma più quanto più fissi.

XVI

Tien la mia gioia entro ne l'alma unita
    Con la mia pena eguale imperio a parte,
    E da le voglie sue divise e sparte
    Lacera, e pur non spenta è la mia vita;
Forse con l'una allor l'alta infinita
    Forza de l'altra Amor libra, e comparte,
    E quella, che cadria languida parte
    Morta da l'un, col suo contrario aita;
Né questa è già mercé che la console,
    Anzi perch'arda in sempiterno ardore
    Tempra le fiamme, onde si strugge, e dole,
E perché stratii, e non ancida il core,
    Meschia l'amaro entro al piacer, né vole
    Che pietà tronchi, o morte il suo dolore.

XVII

[Alla mano d'una Donna,
che si frapose a gli occhi suoi, e dell'Autore]

Ardea quasi farfalla in amorose
    Fiamme il mio cor d'altera luce, e chiara,
    E ne l'oggetto di beltà sì rara
    Godea rapito alte dolcezze ascose,
Quando da bella man, che s'interpose,
    Tolta mi fu sì lieta vista, e cara,
    E di sé larga, e de' begli occhi avara
    Più non so se mi diede, o mi nascose;
Ché ben chiaro è quel Sol, ma non men l'ombra
    Indi serena appar, che 'l suo splendore
    Qual vaga nebbia copre, e non adombra;
Ma questa al foco del mi' antico ardore
    Ferite aggiunge, e doppio mal m'ingombra,
    Che s'ardea prima, hor m'è trafitto il core.

XVIII

L'ardite piume, onde 'l mio cor si cinse,
    Furo, o Donna, i pensieri, et a la face
    D'un bel guardo volando Icaro audace
    Folle di me credenza a voi mi spinse;
Ivi sperando amando arsi, ma vinse
    Mia debil forza il forte ardor vivace,
    E del mio pianto un ampio mar vorace
    La speme ben, ma non le fiamme estinse:
Ahi ch'esca fur le lagrime, e 'l dolore
    Di maggior foco, onde qual secco in herba
    Fior le speranze incenerì l'ardore,
Che 'l vostro lume ascoso incendio serba
    Ch'arde non visto, e da i dolci occhi fore
    Dolce trapassa amara voglia acerba.

XIX

Empie, Donna, il mio cor, chiaro, e sereno
    Sguardo, che da' begli occhi in me risplende,
    E tutto a sé mi tira, e mi raccende,
    E i sensi ingombra e l'intelletto a pieno;
Ei sol (che più non cape) hor di voi pieno
    De le vostre bellezze i semi apprende,
    E le voglie, e 'l desio gravido rende,
    E caro stringe alto concetto in seno;
E forse fia, se tempra un raggio humano
    Hor de' miei pianti il verno, e la stagione
    Torbida scaccia, e spiega i dì migliori,
Che, quasi culta da leggiadra mano
    Novella pianta, a i fregi, a le corone,
    Ch'ornino il crin, vi somministri i fiori.

XX

Scherza de gli anni in su 'l più verde Aprile
   Quasi in bel prato che Natura infiori,
   Di sue pompe natie ricca, e de' fiori
   Di novella beltà, Donna gentile,
Leggiadra e schiva in atto altero humile,
   Che sprezza ben, ma non diffida i cori,
   Sparge ella in me da i suoi celesti ardori
   Soave incendio di desir non vile;
Fecondo imprime il raggio suo lucente,
   Quasi in steril terreno, entro a gli asciutti
   Miei spirti, e desta alta virtù possente,
E se non fien talor secchi, e distrutti
   Da l'empia state del mio foco ardente,
   Di matura stagion vedransi i frutti.

XXI

Canzone Prima
[Alla Signora Donna Geronima Colonna]

Donna, se spiega ardito
   L'alte tue lodi stil caduco, e frale,
   E i tesori d'amor povera rima,
   E s'a quel tu' infinito
   Splendor tenta appressarsi ombra mortale,   5
   E più 'l desio che le sue forze estima,
   Non temer che l'oscuro
   Del mio dir le tue glorie offusche, e veli,
   Che perché 'l volto luminoso e puro
   Fra le tenebre celi,   10
   Non men risorge poi lucido il Sole;
   Così cinta di rai novella Aurora
   Altrui più cara suole
   Da l'horror de la notte apparir fora.

Del tuo chiaro Oriente 15
 Io sia l'Occaso, ove' l tuo sol s'asconda,
 E 'n te nascendo in me tramonte il giorno:
 Qual perch'ad altra gente
 Febo rimeni il dì, cade ne l'onda,
 E sorge altrui di nova luce adorno, 20
 Tal perché 'l mio pensiero
 Rasserenando il tuo bel lume illustre,
 China il gran corso de' tuoi merti altero;
 O qual d'ima, e palustre
 Valle poggia vapor gravoso, e vile, 25
 Che 'l Sol pria mova, tal s'inalzi, e sorga
 Questo mio 'ngegno humile,
 E 'l tuo raggio celeste a te lo scorga.

Ivi al divino ardore
 De i lumi tuoi nuovo Prometheo asceso 30
 Foco vitale a le mie rime involi,
 E con la lingua il core
 Arda di sacra, e nobil fiamma acceso;
 Allor le lodi tue cantando io voli
 Augel canoro, e apprenda 35
 Da te le voci, onde 'l tuo nome honori,
 Così ne la tua luce accolto isplenda,
 E scopra ardito fuori
 Quel, che mia 'ndegnità timida ascose,
 E le mie note il tempo eterno aggiri, 40
 E vive, e gloriose
 Come parte di te vegga, et ammiri.

Somma beltà celeste,
  Di natura e del ciel pregio sovrano,
  Che 'n te cortesi han le lor gratie sparte,   45
  Di te forma l'honeste
  Dolcezze sue, ch'altrui con casta mano,
  Quasi sacro ministro, Amor comparte,
  E con severa legge,
  Che ferma scrisse entro a i begli occhi e 'l volto, 50
  Ogn'immondo desio frena, e corregge,
  Ché s'ei pur empio e stolto
  Nuovo gigante incontr'al cielo ardisce,
  Tra i monti, che di speme e d'ardimento
  A la sua morte ordisce,   55
  Cadrà dal guardo fulminato, e spento:

Miri dunque (deposta
  L'humana voglia) già divina, e pura
  Mente de' pregi tuoi la maraviglia,
  E 'n te, mentre nascosta   60
  Fra i tuoi lumi ti sei, fermi secura
  Com'Aquila nel Sol l'altere ciglia,
  Ma quei pensier sì degni
  Che puon mirarti, sol gradisca, e pregi
  Come suoi figli, e i rei rifiuti e sdegni,   65
  E de' tuoi ricchi fregi
  S'adorni anch'ella, e da la tua bellezza,
  Quasi chiaro Cristallo, a cui non tinga
  Macchia l'alta chiarezza,
  Le tue vaghe sembianze in sé dipinga.   70

Occhio felice, a cui
   Visibil fatta i tuoi tesori apristi,
   E che fia mai che più diletti o giove,
   Onde ne tragga altrui
   Nobil costumi altrove unqua non visti,   75
   Che con più illustre modo in te non trove?
   Vedrà liete, e beate
   Scherzar d'intorno a te le gratie sparse
   Leggiadre e vaghe, e 'n mille forme ornate
   Ne' begli atti mostrarse;   80
   Vedrà dal guardo, e da le voci a mille
   Piover gli amori, e ricca l'aria, e piena
   Di sì chiare faville,
   Quasi di nuove stelle, arder serena.

Almo, e divino Nume,   85
   Che de l'opre di Dio l'occulto, e raro
   A gli occhi nostri in te palese fai,
   Tu del su' eterno lume
   Qui splendi a noi raggio lucente, e chiaro,
   E 'n cielo unito al tuo principio stai,   90
   Mentre la mente a i suoi
   Secreti hai fissa, e volgi, e giri in lei
   Com'a lor centro, gli atti, e i desir tuoi;
   O quant'alme allor bei,
   Che qual stelle dal Sol pure, e serene,   95
   Da te sgombrato di lor ombre il velo,
   A quel supremo bene
   Levando inalzi, e le conduci al cielo.

Ma basta ch'altri vago
   De la tua vista in te si fermi, e satio   100
   Queti poi di te sola il suo desio:
   Tu di quel cielo imago
   Verace sei, che 'n così breve spatio
   Le sue bellezze, e le sue forze unio;
   Tante virtù sì belle,   105
   Che come lumi in ciel felici e lieti
   Chiare splendono in te, son le tue stelle,
   E i tuoi segni, e i pianeti,
   Da cui con ricca man larga altrui piovi
   Celesti doni, onde ne purghi, e mondi,   110
   E quel destino movi
   Ch'ognor ne regge, e vita, e gloria infondi.

Questa, che da le membra
   Beltà conforme con misura eterna,
   Quasi dolce armonia, si move e nasce,   115
   Ben quella ancor rassembra,
   Che con ordin sì vago il ciel governa
   Soave a pieno, e quelle menti pasce;
   Ma s'a più chiaro oggetto
   Sovra questi tuoi cieli avien, che passi   120
   Ove l'occhio non giunge, l'intelletto,
   Vedrà ch'a Dio confassi
   Lo spirto tuo, che 'n tante glorie assiso
   Vive in sicura, e ben tranquilla pace,
   Come in suo paradiso,   125
   E 'n sé beato altrui beato face.

Canzon, quell'alta Donna
 Che pose Dio de l'opre eccelse, e degne
 Quasi termine suo, salda COLONNA,
 Prega, che non disdegne
 Quest'humil nota del mi' affetto interno,
 E con devota e pura voglia intensa
 Splendi chiara in eterno
 Picciola face da gran lume accensa.

XXII

[*Alla Signora Donna Maria Davalos*]

Tu nel bel volto le vittorie porti
 Che gli avi tuoi di mille palme ornaro,
 E de i lor cori, e de le mani a paro
 Escon da gli occhi tuoi ruine, e morti,
Ma spargon questi nel ferir conforti,
 E fa gioia e dolcezza il morir caro,
 Ch'ancidon sì, ma vita indi, e riparo
 Porgono altrui pietosi insieme, e forti;
Così ne vinci trionfando ardita
 Di doppia gloria, e ben doppio è 'l valore,
 Che può dar morte, e ne la morte aita,
Ove lode è de i vinti il vincitore,
 E 'l perder pregio, e degna è quella vita
 Che a te si deve, e per te vive, e more.

XXIII
[*Alla Signora Duchessa di Nocera Carafa*]

Ben di nome, e di volto illustre, e chiara
    D'antichi lumi, e de' tuoi proprii splendi,
    O Sol d'amor, ch'illustri, e non incendi,
    O fiamma movi pur celeste e cara,
Donna, ch'unita a beltà somma e rara
    Vera honestà via più pregiata rendi,
    Né scacci lui, ma le sue colpe emendi,
    Ch'arder da' tuoi begli occhi il mondo impara;
Ei sol di gloria, e di dolcezza honesta,
    E di gratie ministro alte, e profonde
    Virtù ne l'alme, e meraviglie hor desta,
Che, come stella al suo motor risponde,
    Hor da te mosso a noi si manifesta
    Qual dolce effetto di cagion seconde.

XXIV
[*Alla Solfatara di Pozzuoli*]

Questa, ch'arida sparge alti, e cocenti
    Fumi, et onde da i sassi, e da l'arene,
    Terra, che di nuov'esca ognor sovvene
    Ministra eterna le sue fiamme ardenti,
Sembra il mio petto, che da' rai lucenti
    Chiuso perpetuo foco in sé mantene,
    Che dentro acceso il solfo ha ne le vene,
    E versa ardendo fuor pianti, e lamenti;
E come qui da l'aria, e da l'ardore
    Spira virtù ch'alto rimedio apporta,
    Onde l'inferma luce altri ristore,
Così Donna nel cor, che signoreggia,
    Mira il mio 'ncendio, e gli occhi allor conforta
    Che di sua ferità l'opre vagheggia.

XXV

Al chiaro Sol, che ne' begli occhi impresso
    Vivace splende, et è suo cielo il volto,
    L'augel famoso io son, Donna, rivolto,
    Et egli il foco, e l'esca e 'l nido io stesso;
E di quei lacci allor, che 'n rete oppresso
    Si chiude il crine, o vaga errante e sciolto,
    Qual verme suol fra le sue fila involto,
    M'ordisco i nodi, e la prigion mi tesso;
Spiegate pur mentre vi miro, e sento,
    De la vostra beltà le pompe altere,
    Ch'io ministro son poi del mio tormento;
Basta l'armi vibrar, ch'indi si fere
    Da sé 'l mio cor, che di morir contento
    Di suo proprio voler languisce, e pere.

XXVI

De la vostra beltà sì vivo accende
    L'immortal raggio il mio bel foco interno,
    Ch'ei pur conforme al suo principio, eterno
    Qual da voi nacque, a vostra gloria splende,
Che se per voi riluce, e da voi prende
    Vigore, e forza, ond'ha la morte a scherno,
    Grato a i begli occhi, a quel valor superno
    Che 'n lui discese, e luce e gratie rende:
Io son qual face, ch'arda, e si consume
    Perch'altri indi s'illustre, e de le fiamme
    È mio l'incendio, e vostro il pregio, e 'l lume,
Né curo già che 'ncenerisca, e 'nfiamme
    Quest'ossa Amor, che 'n ciel pregiato nume
    Quasi novello Alcide ardendo famme.

XXVII

[Al bacio d'una mano con quel che segue]

Le man, che ricche di sì chiare prede
    Son de le glorie sue ministre altere,
    Di tante offese, ond'ei mi lega, e fere,
    Quasi in dolce vendetta, Amor mi diede;
Lasso, mentr'ivi il cor l'incendio crede
    Spegner de le sue fiamme ardenti e fiere,
    Entro al rimedio suo languisce, e pere,
    Né più noce l'ardor, che la mercede;
Allor ch'alta dolcezza ebro ne sugge,
    Deh com'incauto un maggior foco accende,
    E beve il rio velen, che lo distrugge:
Misero, ch'egualmente Amor m'offende
    Pietoso, e crudo, e dal piacer, che fugge
    Veloce e lieve, eterno il mal dipende.

XXVIII

Di novella pietà vestito i rai
    Scorgo il mio Sol, che chiaro in me risplende,
    E 'l cor, là dove imperioso scende,
    Empie di gioia, e sgombra angoscie, e guai.
"Questa de la mia fé securo avrai
    Pegno", mi dice, e la sua man mi stende,
    "Questa, ch'a guerra sfida empia, et offende,
    Sia 'l tuo riposo, e la tua pace homai".
Allor la bacio, e riverente, e pieno
    D'alto piacer, che non ha legge e modo,
    Allargo ai sensi, et a le voglie il freno;
Ahi bella man, tu non rallenti il nodo,
    Ma più lo stringi, e fortunato almeno
    Se non disciolto, i tuoi conforti io godo.

XXIX

Sembra il bel volto d'amorose, e belle
    Faci serene un vago ciel distinto,
    Che di mille bellezze il sen dipinto
    Scopre, e fiammeggia in queste parti e 'n quelle,
Che sparso de l'odor de le novelle
    Sue rose Flora, e del colore ha tinto,
    E ne' begli occhi il Sol di raggi cinto
    L'Aurora accende, et Hespero le stelle;
Ma da le luci sue pure, e gioconde,
    Che 'n un congiunse in sì benigni aspetti,
    Crude influenze, e dure sorti infonde,
Ch'ivi par, che leggiadra i suoi diletti
    Spieghi Venere ben, ma non altronde
    S'armi Orione, e Marte arda, e saetti.

XXX

Al suon, che sparso in sì leggiadri accenti,
    Donna, movete, i miei pensieri appago,
    E freno in lui quel temerario, e vago
    Furor de i ciechi miei desiri ardenti,
E ne' vostri d'amor cari lamenti,
    Che forman del mio duol verace imago,
    De gli usati martir fatto già vago
    Godo nel vostro canto i miei tormenti,
Ché 'n sì dolce armonia torna soave
    Quel ch'è in me tanto amaro, et in voi prende
    Qualità nova il mio dolor sì grave;
Hor da voi stessa il mio doglioso scempio
    Pietosa udite, e vinto in voi s'emende
    Da la vostra arte il cor feroce, et empio.

XXXI

*[Fu bagnato dalla sua Donna,
mentre in una fonte bebbe, e si lavò le mani]*

Corse, e se stessa vagheggiando immerse
   Donna le labbra in chiara fonte, e monda,
   Che dolce e grata a la sua sete l'onda,
   E puro al guardo il bel cristallo offerse;
Ella fra l'acque allor gelide e terse
   Le fiamme impresse, onde il suo lume abonda,
   E serenando i rai vaga, e gioconda,
   Acque (ben parve) e fiamme in sen m'asperse;
E qual si vide in ricco nembo involto
   Giove mutarsi, Amor nova forma ebbe,
   E cadde accolto in pretiosa pioggia:
Miracol raro! Ella bagnommi il volto,
   E 'l petto accese, e quel, ch'estinguer debbe,
   Arse il mio cor con disusata foggia.

XXXII

Spiran fiamma i vostri occhi, e quel fatale
   Sguardo in sì vago incendio arde il mio core
   Ch'ei divien foco, e 'l vostro almo splendore
   È la sua spera, a cui s'inalza, e sale;
Ivi simil a voi fatto immortale
   Lieto ne' vostri rai stassi a tutt'hore,
   E di quel dolce, e pretioso ardore
   Si nutre poi quasi calor vitale;
Ivi, com'in suo luogo, egli ritrova
   Pace, e quiete, e pien d'ardente zelo
   Sol vien che dietro a voi s'aggiri, e mova;
Ma quindi poi, come congiunta in cielo
   Presso al freddo è la fiamma, in voi ben prova
   Che foco gli occhi, e 'l petto è neve, e gielo.

XXXIII

Per quel sentier là donde a doglia vassi,
    E mostra a gioia, il cor cieco s'invia,
    E per soave, e dilettosa via
    Rivolge incauto a la sua morte i passi,
Ché tragge dal piacer, ch'accolto stassi
    In quei begli occhi, il mal ch'odia, e desia,
    E de la vista lor superba, e pia
    Pena a se stesso, e medicina fassi;
Così con l'armi Amor m'assale, e 'mpiaga,
    Con cui difende, e quel che dole e spiace,
    Con dolce inganno i miei tormenti appaga:
Infide luci, e raggio empio e fallace,
    Che del suo gran splendor l'anima vaga
    Rischiara e illustra, ma distrugge e sface.

XXXIV

De' suoi contrarii entro a le parti estreme
    Mi spinge, e quinci e quindi acerbo, e fero
    M'assale Amor, che mentre io bramo, e spero,
    Quel che chiede il desio, nega la speme,
E de l'incerte sue promesse insieme
    M'inganna il falso, e non m'appaga il vero,
    Né fra le leggi del suo crudo impero
    Pietoso men che giusto il cor lo teme;
Lasso, ei l'armi ben varia, onde m'offende,
    I danni no, qual d'occhio infermo lume,
    Cui le tenebre e 'l raggio oscuro rende;
Pur cangi ei modo, io già cangiar costume
    D'arder non so, ma quel desio, ch'accende
    Ben mille fiamme, in mille il cor consume.

XXXV
[*Nel ritratto d'una Donna*]

Da voi sì bella imago il lume prende,
    Bella sol ché di voi s'orna, e rischiara,
    Come de' rai del Sol lucida, e chiara
    Vaga stella del ciel fiammeggia, e splende,
E ben voi sembra, ch'egualmente accende
    I miei pensieri in dolce fiamma, e cara,
    Né men di voi de le sue gratie avara,
    E fredda e scarsa al mio dolor si rende;
Qui vola Amor, che viva hor questa crede
    Di voi sembianza, e da quel finto aspetto
    Men che dal vero non saetta, o lega:
Pur quindi a l'alma, allor che pietà chiede,
    Voi fuggitiva, al mio dolente affetto
    Se non pietosa, immota almen non nega.

XXXVI
[*Nel mal de gli occhi d'una Donna con l'altro che segue*]

Sovra i begli occhi, onde lucente e puro,
    Come in suo cerchio, il foco tuo risplende,
    Amor, sanguigna nebbia hor si distende,
    E 'l tuo sereno ciel folgora oscuro;
Deh chi fia da' suoi danni unqua securo,
    S'indi hor fiamma, hor tempesta in noi discende,
    E chi n'accese intepidito offende,
    Non men che chiaro, hor tenebroso e duro?
E forse è tua pietà, che le nocenti
    Fiamme nasconde, e fra turbati, e folti
    Nembi contempra i raggi suoi cocenti:
Ma chi c'illustra? Ahi ch'è men danno, ardenti
    Provarli ognor, che 'n tenebre sepolti
    Ciechi restar de la sua luce, e spenti.

XXXVII

Questi, che son d'Amor chiare, e lucenti
   Facelle, ond'arde, e le saette affina,
   Occhi stelle del ciel, da cui destina
   Fato amoroso in noi glorie, e tormenti,
Tu celi, e rendi altrui languidi, e lenti
   Gli effetti di tua luce alma, e divina,
   E tinto in rosso il Sol notte vicina
   Da i rai minaccia intepiditi, e spenti,
E ben notte è d'amor questa, che sparse
   Le tue bellezze tenebrosa imbruna,
   E fa l'ardenti luci ombrate, e scarse,
Ma tu riluci pur torbida e bruna
   Come talor là dove il Sole apparse
   Splende fra pallide ombre ancor la Luna.

XXXVIII

[In un suo secreto amore]

Ardo tacito amante, e d'un bel volto
   Secrete fiamme insidioso involo,
   E caro stringo il mio soave duolo,
   Quasi parto amoroso, in sen raccolto;
Temo ch'altri importuno estimi, e stolto
   L'ardir, che doglia sforza, et amor solo,
   E soffrendo i miei danni in me consolo
   L'alma, che poco spera, e desia molto;
Così mi chiudo entro al mio proprio affetto
   Felice ardendo, e de' pensier la fame
   Pasce, qual Titio, di se stesso il petto;
Né, perché da' begli occhi Amor mi chiame,
   E 'nviti, e sproni, fia ch'al mio diletto
   Rilasci il freno, e più che lice io brame.

XXXIX

Freno talor l'audace mente, e vaga
   Che 'l mio folle desio solleva e gira,
   Ch'a divin pregio in van per noi s'aspira,
   Né poca speme immensa voglia appaga,
Ma di vostra beltà celeste e vaga
   Inevitabil forza a voi mi tira,
   E 'l cor più spinge allor ch'ei si ritira,
   E chi più fugge, più feroce impiaga;
Voi quel pensier, ch'altrui l'arbitrio diede,
   Scusate almen, ch'ove 'l suo corso affrena,
   Già la sferza, e lo spron lo punge, e fiede;
Misero ei teme del su' ardir la pena,
   Ma vinto in forza altrui volger il piede
   Non può fuor ch'ove preso Amor lo mena.

XL

L'alma il vago pensier, lasso, non frena
   Ma voglie accresce sempre a i miei desiri,
   Che quasi scala, onde m'inalzi e tiri,
   D'una in altra speranza Amor mi mena;
Così raggiunge a l'empia mia catena
   Novelle fila, ov'entro il cor s'aggiri,
   Cui, perch'in lungo incendio arda, e sospiri,
   Esca raddoppia di continua pena;
Né fia giamai che del mio foco antico
   Favilla io scemi, e quell'ardor non curi
   Che di me pasco, e dentro in sen nutrico,
Et al mio mal, perché perpetuo duri,
   Di morte più, che di salute amico
   Nova cagion di doglie io non procuri.

XLI

Contr'a gli affanni suoi feroce e forte
    Gli aspri tuoi colpi il cor, Donna, sostene,
    E 'ncontro ardito et animoso vene
    Al martir voluntario, et a la morte;
Sento, qual huom ch'affidi, e riconforte,
    Spingermi Amore, e sollevar la spene,
    E sol da i segni d'un perpetuo bene
    L'ombra mostrar di più benigna sorte;
Di quest'esca mi nutre allor, che manca
    La mia virtute, e mi consola a pieno,
    Et a nuovo dolor l'alma rinfranca;
Vibra tu fiamme pur, ch'invitta, e franca
    Sorge ella oppressa dal su' ardor, ch'almeno
    Lo spirto è pronto, se la carne è stanca.

XLII

Canzone seconda
[*Canzone di Gelosia*]

Già nel mio freddo seno
    Serpendo, in mille nodi entro s'aggira,
    E da mill'occhi, e mille bocche spira
    Angue vorace e fero
    Ne le vene, e ne l'ossa il suo veleno,   5
    Da cui conduce ombrato il senso, e nero,
    Torbide le sembianze al mio pensiero,
    Lasso, e l'alte bellezze, onde soave
    Aura il cor trasse, e vita in me nutria,
    Quasi maligna, e ria   10
    Aria, che sparga odor noioso, e grave,
    A sua morte riceve, e 'l già vitale
    Spirto hor l'ancide, e fa il rimedio il male.

Novello Argo vivace
   Più desto allor, che cieco esser vorrei,   15
   Scorgo l'altrui dolcezze, e i dolor miei,
   Così con doppie pene
   Invido insieme, e crudo Amor mi sface;
   Ma se vinta già l'alma a morir viene,
   Tosto ei ripara la cadente spene,   20
   Ch'incerta ancor, mentr'ha sospetto, e fede,
   Erge, e dubbiosa rassicura in parte,
   Sì che dal mal diparte
   Quel ch'è più grave, e 'l men figura, e crede,
   Misera, e ne' suoi dubbi ella s'appaga,   25
   Né saper brama, e d'errar sempre è vaga:

Ma di quel vago errore,
   Quasi occulti nemici, insidiose
   Scopro a danno maggior le frodi ascose,
   Che sveglia ardita, e punge   30
   Novella cura addormentato il core,
   E per solinghe vie tacita, e lunge
   Pur da i pensier altrui, s'interna, e giunge
   Là, dove amica in vista, adorna e finge
   L'altrui perfidia i suoi celati inganni: 35
   "Scorgi", dice, "gli affanni,
   Folle, ov'incauto il tuo voler ti spinge,
   Che da te stesso i tuoi desir delusi
   Nodrisci, e 'l proprio error lusinghi, e scusi;

Vedi come cortese   40
   Vaga beltà fallace alma ricopre,
   E poscia amare un dolce aspetto ha l'opre;
   Vedi com'aspre e fere
   Da man, ch'affidi altrui, pungon l'offese,
   Ch'ond'ei men teme, inaspettata fere,   45
   E come a mille antiche prove, e vere
   Mercé dovuta empio giudicio fura,
   Che se a te diella, e del tuo merto è sola,
   Ingiusto hor te l'invola,
   Né de' suoi biasmi, o de' tuoi torti ha cura,   50
   Vedi, mentr'altri pregia, e te disdegna,
   Che 'n imperio diviso Amor non regna;

Sgombra da gli occhi il velo,
   Che ne gli affetti tuoi chiuso t'asconde
   Qual fra tenebre il lume, e 'l ver confonde   55
   Fra cieche voglie involto,
   Che degno è puro cor di puro zelo;
   Rendi da i primi lacci homai disciolto
   Te stesso a te da fera man ritolto,
   E quell'alta radice, in cui sostegno   60
   Ebbe il tuo male, e fe' sì amaro il frutto,
   Svella dal fondo in tutto
   Giusta vendetta, e generoso sdegno,
   Né spander lasci i rami, in sì gentile
   Ferace terra, ingrata pianta, e vile".   65

Così mi dice, e mostra
    Come vana è beltà ch'Amor non orna,
    Che quel vivo desio, che 'n noi soggiorna,
    Entro un bel volto forma
    Le gratie, e le bellezze imperla e inostra,   70
    E di ben vero imaginata forma
    Sol chi cede ad Amor move e trasforma,
    Et ei signor di voluntarie voglie
    Dolce combatte, e vince aspro, e superbo,
    E regge allor più acerbo   75
    L'imperio suo, che 'n pace altri l'accoglie,
    Debil guerrier di forze inferme e lente
    A chi contrasta, e forte a chi consente.

Ecco ch'io già discioglio
    Gli antichi nodi, e nuovi homai non temo,   80
    Sì del passato duol pavento, e tremo,
    E qual sicuro in porto
    D'alta tempesta le reliquie accoglio
    Saggio nocchier da' primi rischi accorto,
    E i miei sparsi pensier chiamo, e conforto,   85
    Che, se talor di cara usata gioia
    Le già spente faville avviva e desta
    A le mie paci infesta
    Dolce memoria, e i miei riposi annoia,
    L'alma la scaccia, e 'n van d'opporsi prova   90
    Vecchia dolcezza a fresca doglia, e nova.

De l'altrui voglie ingrate, e de' miei sdegni
    Fida tromba risuona, e messagiera,
    Spiega dogliosa altera
    Voce, Canzon, che de' miei stratii indegni   95
    Con ira il mondo, e con pietade intenda,
    E te pregi, altri accusi, e me difenda.

XLIII

L'aura d'amor, che sciolta in amorose
    Voci quest'aria lusingando vola,
    E da la bocca, ond'esce, accoglie, e 'nvola,
    E sparge poi l'odor de le sue rose,
Spira talor fra l'humide, e gravose
    Nebbie del duol, che disgombrar può sola,
    E ne le mie fortune hor mi consola,
    E l'onde acqueta del mio cor dogliose;
Né così lieta mai la doppia face,
    Che da' figli di Leda ardendo appare,
    A smarrito nocchier diletta e piace,
Com'ella de' pensier torbido il mare
    Tranquillo rende, et al dolor dà pace,
    E i rai mi scopre di due luci chiare.

XLIV

Nel grembo accolti de la notte oscura
   I miei furti amorosi Hespero havea,
   Ma più che mille Soli, ivi splendea,
   Cinta di rai, beltà celeste, e pura;
Fortunato io godea lieta, e secura
   Gioia nel sen de la mia bella Dea,
   E note, e sospir misti ella spargea
   Quasi faville di nascosta arsura;
"Ahi, che 'l foco ov'ardete", allor diss'io,
   "Ancor me strugge (e ben più grave è 'l male
   D'un doppio incendio) e 'l vostro accresce il mio".
"Non", rispose, "io così, che 'l vostro ardore
   Il mio consola, e ne la fiamma eguale,
   Ch'ambo consuma, refrigerio ha 'l core".

XLV

[*In un abbracciamento di due amanti*]

Leghi vezzoso Amore in sì gioconda
   Prigione i cori ancor, se i corpi avinse,
   Tiri gli spirti l'un, che l'altro spinse,
   E furi l'alma, e 'n sé suggendo asconda;
Mova indiviso, e 'n un meschi e confonda
   L'anime, che Natura in due distinse,
   E dentro al petto, che tenace strinse,
   Passi come diffuso, e si trasfonda;
Sparso fuor da due bocche un suono istesso
   Mormorando susurri, e 'n doppi accenti
   Alterni e spieghi il suo diletto espresso;
Soavi risse, e languidi lamenti,
   E 'nterrotti sospir rinovin spesso,
   Quasi cote amorosa, i desir lenti.

XLVI

[Sovra il pianto di una Donna con sei altri che seguono]

Son di liquido foco onde correnti
 Queste di duo begli occhi amare stille,
 Ch'ascoste in acque placide e tranquille,
 Quasi Atamante, han le lor fiamme ardenti;
Ben sorger quindi un rio vedi, ma senti
 Gl'incendi in lui di tacite faville,
 Speri mercé da quel dolce atto, e mille
 Poi ne provi nel cor doglie, e tormenti;
Miri che da quel ciel, ch'oscuro, splende
 Di vaga luce, e che sereno piove,
 La pioggia ardente, e 'l raggio humido scende:
Maraviglie d'amor leggiadre e nove,
 Che da' bei lumi la pietà n'offende,
 E nel suo refrigerio ardor si trove.

XLVII

Di fosca notte ben sembianza ha l'ombra
 D'un vel ravolto al mio bel Sole intorno,
 Quella il ciel tinge, et a noi cela il giorno,
 Questa i suoi lumi, e la mia luce adombra;
Nasconde i pregi di natura, e sgombra
 L'una le gioie, e porta horrore e scorno,
 L'altra le gratie d'un bel volto adorno
 Ricopre, e i cor d'acerba doglia ingombra;
Ben come sparsa di bellezze nuove
 Talor l'Aurora, che ruggiada stille,
 Fra le tenebre oscure i raggi move,
Così di chiare, e lucide faville
 Cinto, da le sue nubi il guardo piove
 Soave humor di dolorose stille.

XLVIII

Mentre acerbo dolor turba il sereno
    Del mio bel Sole, e 'l mal, ch'entro l'accora,
    Sparso in lagrime versa, e stilla fora
    Pioggia di perle da' begli occhi in seno,
Non più vago d'April suole il terreno
    Con la ruggiada sua pinger l'Aurora,
    E 'l dolce pianto il suo bel volto infiora,
    E le rose nutrica, ond'egli è pieno:
Tosto a quel rio corre assetato, et arso,
    E quasi augello in su l'estivo ardore,
    Il mio cor lasso ivi s'immerge, e bagna;
Ivi in vendetta sua, s'avaro, e scarso
    Gli fu di pianto, e di pietate Amore,
    Lieto gioisce, or ch'ei s'attrista, e lagna.

XLIX

Di quell'onde, che sparge hor da' bei giri
    Celesti Donna a le mie fiamme accese,
    Quasi arida terra il ciel cortese,
    Che piova, e fiati in lei fecondo spiri,
Mi bagna Amore, e sono i suoi sospiri
    Fresch'aure, e grate, che l'antiche offese
    Tempran del foco, onde invaghito apprese
    L'eterno incendio il cor de' miei desiri;
E ben dal fonte de' leggiadri lumi
    Corron quasi tributo al mio gran mare
    D'acerbo pianto i lor soavi fiumi;
Hor miste le sue dolci a le mie amare
    Lagrime fan (cangiando in noi costumi)
    Ch'io gioia, et ella aver pietade impare.

L

Copra i begli occhi pur nebbia importuna,
 E celi i raggi lor torbida amara,
  Che non men vaga, che già lieta e chiara,
  Beltà riluce ancor dolente, e bruna;
Ella le nubi, che nel volto aduna
 Empia doglia e feroce, orna e rischiara,
  Come suol l'ombre de la notte avara
  Cinger di stelle, et illustrar la luna;
Ride nel pianto suo chiaro, e celeste
 Spirto d'amor, che da' begli occhi spira
  Gioia, e dolce dolor la copre, e veste;
Questi leggiadro in lor piange, e sospira,
 E sparge da le luci afflitte, e meste
  Dolcezza mista di pietade, e d'ira.

LI

Come fra nubi men compresse e rare
 Il Sol fiammeggia in placida procella,
  O qual ridente ruggiadosa stella
  Fuor de l'ombre notturne in cielo appare,
Fra le nebbie del duol gravi, et amare,
 Che stillan pioggia lagrimosa, e bella,
  Sfavilla un raggio, e sparge alma e novella
  Luce dal pianto, e vive fiamme, e chiare:
Qui nuovo fabro Amor fra quei cocenti
 Incendii infiamma, e tempra entro ne l'onde
  De' languid'occhi l'armi sue pungenti,
E per far piaghe al cor dure e profonde
 D'incauto amante, le saette ardenti
  Sott'un vel di pietà copre, e nasconde.

LII

Piangeste, o Donna, ove funebri, e meste
    Pompe afflitta trahea dogliosa gente,
    E voi, cui mai non mosse ogn'hor presente
    La mia, pietà de l'altrui morte aveste;
Voi già con occhio asciutto empia vedeste
    Lieta fra mille morti il cor dolente,
    E lui nel rogo del mio foco ardente
    Incenerito rimirar poteste,
Né però su l'incendio, ov'egli ardea,
    Stilla da' vostri lumi ancor discese,
    Che sol curarlo, e ravvivar potea:
Acerba voglia, che quel cor, ch'accese,
    Strugger lasciando, di due colpe rea
    Ardendo pria, poi non sanando offese.

LIII

De la gran madre Idea fiorito il seno
    Non più distinto in color lieti appare,
    Né così vaghe le sue luci, e chiare
    In ampio cerchio accende il ciel sereno,
Né de le gemme, ond'è fecondo a pieno,
    Sparge sì vario il ricco fondo il mare,
    Come di mille sue pregiate, e rare
    Gratie Amor d'un bel viso il giro ha pieno;
Forse in sembianza del fattor superno
    Forma, o Donna, di cielo e d'elementi
    Nuovo egli un mondo a sé nel volto vostro,
Che frutti e fior son ne le guancie, eterno
    Foco ne gli occhi, et aria e stelle ardenti,
    E la bocca ha del mar le perle e l'ostro.

LIV

[*Nel ballo d'una Signora*]

Qual dietro al moto suo rapido tira
    Il corso eterno il ciel di mille stelle,
      Sorge Madonna, e le sue tante, e belle
      Gratie celesti in vago cerchio aggira,
Mentr'ella i passi move, intorno spira
    Ogn'atto forme di beltà novelle,
      Et ogn'alma invaghita in queste, e 'n quelle
      Varie sembianze egual vaghezza ammira:
Scopre ella allor de' suoi superbi fregi,
    Che diè Natura, et Arte accrebbe, altera
      Trionfatrice l'alte glorie, e i pregi,
E 'n lunga pompa le sue chiare palme
    Spiegando intorno, catenata schiera
      Presa dietro si trahe di cori, e d'alme.

LV

[*Al Sig. Pietrantonio Ferraro*
nell'opera sua dell'arte del cavalcare]

Tu l'ale impenni al tuo nobil Pegaso
    Nuovo Bellorofonte, et ei raggira
      Vers'Oriente il suo gran volo, e l'ira
      Già del tempo schernisce, e de l'Occaso,
Né temi tu di quell'antico il caso,
    Ch'a le tue glorie il nostro Giove aspira:
      Ecco a i suoi vanni aure beate spira,
      E l'inalza, e lo scorge al suo Parnaso;
Quivi da le tue carte ornate, e conte
    Sorger feconda fa leggiadra vena,
      Qual d'Hippocrene in Helicona il fonte,
Et ei l'accoglie, e 'n pura aria serena,
    Che le penne sostien veloci, e pronte,
      Fra le sue stelle a splender seco il mena.

LVI

[Ad una Signora che si vestì in abito di contadina]

Sotto rozze sembianze incolta, e schietta
    Ninfa leggiadra le sue gratie vela,
    Né fra i disprezzi suoi s'asconde, e cela,
    Ch'ornamento è di lei beltà negletta;
Ella in habito vaga, e semplicetta
    Sol ravolte in sottil candida tela
    Le bellezze natie scopre, e rivela,
    E di se stessa adorna i cori alletta;
Quindi semplice anch'ei più forza prende,
    Che da l'armi de l'arte, Amor possente
    Ignudo più, che quando armato offende;
Opra il guardo in altrui quel che non sente,
    E 'l crin sparso incomposto i lacci tende,
    Et è dolce homicida alma innocente.

LVII

Sento l'antiche mie fiamme amorose
    Destarsi a novo, e più cocente ardore,
    Ché spento no, ma ricoperto, Amore
    Fra le ceneri sue l'incendio ascose,
E dentro a i lacci, ch'a mio mal dispose
    Fra gli atti vaghi, rannodarsi il core,
    E seguir l'orme d'un leggiadro errore,
    E gradir le sue pene aspre, e noiose;
Veggo da duo begli occhi, ove s'annida,
    Come dolce m'invita, e chiama, e porge
    La man vittrice, e 'l mio timore affida;
Ahi ch'ascosto il velen l'alma non scorge,
    Che fra lusinghe acerba Donna infida
    Copre il crudo sentier ch'a morte scorge.

LVIII

Vaga Donna leggiadra i suoi begli occhi
    Ver me rivolse in atto amico humano,
    E i pensier forti, e combattuti in vano
    Da novella pietà caddero tocchi;
Ben vidi allor qual di nascosto scocchi,
    Mentre lusinga il suon, fiera la mano,
    E qual ne i lacci, in sentier chiaro e piano,
    Improviso e securo altri trabocchi:
Ma chi mesce nel riso e nel diletto
    Gli affanni, e 'l pianto? E come in me deriva
    Da beata cagion misero effetto?
Com'ella è ghiaccio, e le mie fiamme avviva?
    E 'l cor nascosti in un benigno aspetto
    Scopre i danni, e l'insidie, e non le schiva?

LIX

*[Nella lontananza della sua Donna
con gli altri due che seguono]*

Fosti ben del mio giorno aurora, e luce,
    Donna, ma de la notte Hespero ombroso,
    E di quel tempo mio lieto, e gioioso
    E del misero poi ministra, e duce;
Amara notte, ch'a questi occhi adduce
    Le sue tenebre sol, non già 'l riposo,
    Fra cui rassembro augel notturno ascoso
    Nemico a i raggi, onde 'l dì s'orna, e luce;
Lasso fu breve il dì, ma lunga e nera
    La notte è poi, vago splendor fugace
    Parve, che passi infra le nubi e vole;
Ahi, che lucente andrà de la mia sera
    Nuovo cielo, e vedrà chiaro e vivace
    Altr'Oriente hor de' miei giorni il Sole.

LX

In quest'esilio mio, misero e solo
    Vivo, né già da voi, ma da me lunge,
    Ché fugge il core, onde lo scaccia, e punge
    Amaro pianto, e pena acerba, e duolo;
Ei viene a voi là 've riposta è solo
    Ogni sua gioia, a voi beato giunge
    Con l'ali alzando, che 'l desio gli aggiunge,
    Fuor di quest'ombre al vostro lume il volo;
Ma lasso in voi se stesso oblia, né riede
    Al corpo infermo, che già langue, e 'n vano
    Da lui conforto, e medicina chiede,
Ch'ei non l'ascolta, e fora stolto, e insano
    Da i suoi diletti hor voluntario il piede
    Por ne l'inferno, onde vivea lontano.

LXI

Come infelice infruttuosa pianta
    Feconda vite entro a le braccia accoglie,
    Ch'i rami de' suoi frutti, e de le foglie,
    Di cui povera nacque, orna et ammanta,
Se i cari nodi, onde con pace tanta
    Seco la stringe, acerbo altri discioglie,
    E i fregi e gli honor suoi rapace toglie,
    E le bellezze sue recide e schianta,
Riman sterile e nuda, e de l'amato
    Peso, che sì soave ella sostenne,
    Priva, e de l'ombre, e del diletto usato;
Così ciò, che già fui, da voi mi venne,
    E con voi sparve, e de l'antico stato
    Sol memoria di doglia il cor ritenne.

LXII

Nel vostro lume, in cui mi specchio e giro,
    Veggo, Donna, il mio mal, ma sì giocondo,
    Che fra le pene in mille gioie abondo,
    E so che m'arde, e fuor che 'n lui non miro;
Allor le voci, ond'io piango e sospiro,
    In un secreto alto silentio ascondo,
    E pien di gloria, e di stupor profondo
    Tacito e 'ntento i vostri pregi ammiro,
Che 'ncontro a tanti rai l'alma soccorre
    D'ogni sua forza il debil guardo infermo,
    E 'n sé tutta raccolta a lui sol corre;
Dunque aperto veder ciò ch'entro ascose
    Quivi potete voi, che saldo e fermo,
    Quel che tolse a la lingua, a gli occhi pose.

LXIII

Fra queste pene, in quest'acerba, e trista
    Vita mi dà le sue dolcezze Amore,
    Sì vicino il piacer vive al dolore,
    E dolce è poi quel ch'è sì amaro in vista;
Già nuovo Alcide entro a gli affanni acquista
    Sol fama e pregio, e soffre, e vince il core;
    O mio soave aventuroso ardore,
    Che l'alme bea, che con più doglia attrista:
Forse, come via più l'incendio accresce
    Lieve pioggia talor, perché 'l diletto
    In me s'avanzi, il suo contrario mesce,
O pur nel foco suo purga, et emenda
    Ogni mio fallo sì, che puro, e netto
    Beato a pieno la sua gloria ascenda.

LXIV

Quelle, onde nova furia ogn'hor m'infesta,
   De' miei spenti piacer son ombre, e larve,
   Che di quel dolce ben, che venne, e sparve,
   Ahi ch'amara memoria al cor mi resta;
Di pianto e morte fu dogliosa, e mesta
   Favola quel che riso e vita parve:
   Deh qual, cangiato il primo volto, apparve
   L'alta mia gioia horribile, e funesta;
Felice tempo, che soave, e queto,
   Pur troppo, ahi lasso, a le mie voglie amico,
   Contemplo hor tristo, e già provai sì lieto,
Empie reliquie del diletto antico
   Mi lasci, e già tranquillo, e mansueto
   Turbi hor le paci tue fiero, e nemico.

LXV

Ben veggo homai, come fallace, e vano
   Piacer m'adesca, e l'alma invola, e prende,
   Qual falsa gemma, che riluce, e splende,
   E vaga inganna il senso ingordo humano,
Veggo gli affetti del mio core insano
   Misero sol bramar quel che l'offende,
   E 'l desio, che tant'oltre ardito stende,
   Più restar sempre dal suo fin lontano,
Né pur s'arresta: ahi dolce voglia, e fera,
   Che lusinga, et ancide, ove i miei danni
   Conosco ben, né però fuggo, o temo;
Lasso, e seguir convien fin a l'estremo,
   E de' miei cari, e pretiosi affanni
   Gradir le pene, in cui mi strugga, e pera.

LXVI

*[Nel matrimonio del Sig. Marchese di Santo Lucido,
con la Signora Faustina Latra]*

Di furtiva beltà, ch'invola, e piace,
    Donna del vostro cor nove fe' prede,
    Ma se 'l vostro vi tolse, il suo vi diede,
    Ladra vaga d'amor, non già fallace;
Ella i begli occhi, e quella man rapace
    De' suoi furti in emenda or vi concede,
    E 'n caro laccio di perpetua fede
    Già vinta e prigioniera in sen vi giace;
Sian le braccia le funi, in cui ristretta
    Legate voi chi già legovvi, e renda
    Dolce de' dolci inganni ella vendetta;
Nova Salmace in sé vi chiuda, e penda
    Comun la vita, e sola un'alma, e schietta
    In duo corpi confusa ambi comprenda.

LXVII

Gradir credei morendo
    A i desir vostri, e di morir bramai,
    Che da' begli occhi uscendo
    Dolce è la morte, e pretiosi i guai;
    Hor che da' vostri rai   5
    Pietà sfavilla, e splende amica, e chiara,
    L'anima degna di sì degna aita
    Viver felice impara,
    E qual dono di voi pregia la vita,
    Cara in tanto, e pregiata,   10
    Che sol, perch'a voi piace, a me fia grata.

LXVIII

Chiusa in voi stessa, e quasi in salda altera
   Torre, ne’ pensier vostri entro raccolta,
   Gli assalti e i lacci voi secura, e sciolta
   Schivate, o forte incontr’amor guerriera;
Gli occhi son l’arme, onde mortale, e fera
   Scende di strali eterna pioggia, e folta,
   Da cui convien, ch’ogn’alma audace, e stolta
   Ch’osi appressarvi, fulminata pera;
Scorre intorno Honestà, fedele e presta
   De’ begli atti ministra, e vi difende
   Scaltra a gl’inganni altrui nemica, e desta,
Se non che troppo nel bel volto accende
   Sdegno, e disprezzo, acerba schiera infesta,
   Ch’uccide ancor chi v’ama, e non v’offende.

LXIX

Di là, dove ricopre avaro il seno
   Chiuse bellezze, e s’apre al pensier solo,
   A l’empia fame, onde ’l mio cor vien meno,
   Furtivo amante esca soave involo,
E queto almen, se già non satio a pieno,
   L’amoroso desio tempro, e consolo,
   Ma ’l mio sperar, ch’indi s’inalza a volo,
   Chi fia ch’arresti, o le dia meta, o freno?
Ei dietro a maggior gioia affretta, e punge
   L’anima poi, che da furor sospinta
   Rapida corre, e sproni al corso aggiunge;
Ma ben cadrà fra’ suoi diletti estinta,
   S’egualmente il voler move e compunge
   Vera dolcezza, o imaginata e finta.

LXX

Canzone Terza
[*Nella lontananza della sua Donna*]

A l'infermo mio cor, che langue, e brama
    Voi, Donna, e fuor di voi non ha riposo,
    Già non v'asconde Amore,
    Ch'ove l'occhio non giunge, il pensier chiama,
    Quasi a suo fin celeste, e glorioso,   5
    Et ei dal petto a voi rivolge ardito,
    Qual da prigione uscito
    Fuggitivo felice, il suo camino,
    Né del mio fier destino
    Avien che ceda al duro imperio, e grave,   10
    Che 'n lui, ch'è vostro, ei signoria non have;

Quei sciolto da le leggi onde me stringe
    Acerbo fato, a voi si ricongiunge,
    Né fuor d'arco va strale
    Sì lieve allor, che forte man lo spinge,   15
    Com'ei, mentre 'l desio l'affretta e punge,
    Spiega a l'aure d'amor veloci l'ale,
    E dietro a lui deh quale
    Misera turba di pensier dolenti,
    Di sospir, di lamenti,   20
    Qual fumo sorge d'alta fiamma, e cresce,
    Dal mio gran duol confusa e torbid'esce;

Questi, qual ramo al ceppo suo conforme,
  Di dolor nati dolorosi, e tristi
  Son di mia morte i messi,   25
  Né così varie ha 'l mio martir le forme,
  Onde con nove pene ognor m'attristi,
  Ch'a sembianza di lor non nascan essi,
  E 'n quella voce espressi,
  Che piange e duolsi, e pace e vita chiede,   30
  Degn'è ch'acquistin fede,
  Et io dentr'a l'inferno, in cui son morto,
  Senta dal creder vostro almen conforto.

Lasso, e ben sembra la mia vita, priva
  Di veder voi, qual tenebroso inferno,   35
  A cui s'asconde il giorno
  Di quella luce ond'è beata e viva,
  E fuor la pena, e dentro è 'l duolo interno,
  E i pianti, e i gridi, e le paure intorno,
  E sdegno, e rabbia, e scorno,   40
  E perch'afflitti in quella parte i sensi
  Sian, dove fur più 'ntensi,
  Gli occhi, che vider voi, cangiaro oggetto,
  E ciò ch'io miro ha sol di morte aspetto;

Né però fine ha 'l mio dolor vivace,   45
  Che morte no, ma le sue doglie estreme
  Sente l'alma, e rinova,
  Più forte allor che più si strugge e sface;
  Così contrarie e vita, e morte insieme
  Ambe nemiche, et ambe eterne prova,   50
  Misera, e non le giova
  Che, perché viva, il tempo mai si mute,
  E porti al fin salute,
  O perché pera mille volte ognora,
  Finisca i danni, e seco il suo duol mora.   55

Ben di lei quella parte a i sensi ancella
   Che non vi scorge, sol s'affligge, e dole,
   L'altra che vi figura
   E vi contempla, si fa lieta, e bella,
   Come la Luna, allor ch'appressa il Sole,   60
   La parte sol ch'a noi si mostra, oscura,
   Ma la superna e pura,
   Che 'n lui rivolta lo discopre, e mira,
   Vaga e lucente gira,
   Così divien di lei chiaro e gentile   65
   Quel che voi guarda, e l'altro oscuro, e vile;

Ella da la memoria, ove raccolto
   De' vostri fregi in tante guise sparsi
   Nobil tesoro unio,
   Tragge talor le belle luci, e 'l volto,   70
   Le voci, e gli atti, e le bellezze ond'arsi,
   Così membrando voi me stesso oblio,
   E sorge indi il desio,
   Che guida il core, e me da me diparte,
   Sì che divisa in parte   75
   L'alma mantene e misera, e contenta,
   Viva in altrui, quando in se stessa è spenta.

Canzon, dietro a quel volo
   De' miei pensier puoi tu beata alzarti,
   Et al mio Sol mostrarti: 80
   Forse ancor fia che le mie notti amare,
   E le tenebre tue purghi, e rischiare.

LXXI

L'onde ch'io verso in ampio mar di pianto
   Tu solchi altera, o mia Sirena, e maga,
   Che l'alma alletti desiosa, e vaga
   De i lumi al raggio, e de le voci al canto;
Quel suon leggiadro, e 'l dolce moto, e santo
   De gli occhi i sensi lusingando appaga:
   Beltà crudel, che raddolcisce, e 'mpiaga,
   E 'l desir satia, e 'l cor distrugge intanto:
Ahi ben prov'io qual dentro si trasforme
   La ragion vinta, e come il voler stolto
   Fra i suoi piacer sonno perpetuo dorme;
Veggo il mio mal fra le tue gratie accolto,
   E quindi ornata di sì belle forme
   La mia morte apparir nel tuo bel volto.

LXXII

Di pure fiamme, o del mio cor beatrice,
   Ardo, e più non desio, né chieggio, o spero,
   Ché temprato in se stesso il mio pensiero
   Ne' suoi casti desir si fa felice;
Non brama ei già quel che bramar non lice,
   Fallace bene instabile, e leggiero,
   Ma gode in voi di quell'eterno, e vero,
   Ch'a voi stessa negargli si disdice,
Beato ben, che 'n sé de' proprii affetti
   Le cure acqueta, e già non cura o teme
   Che scemi il vostro orgoglio i suoi diletti,
E quasi germe a voi congiunto insieme
   Da la vostra honestà celesti, e schietti
   Frutti produce di celeste seme.

LXXIII

Specchio, o Donna, è 'l mio cor lucido, e schietto,
   Che qualor splende il vostro sole in esso,
   Da 'l suo denso, et oscuro il raggio impresso
   Rivolge, e mira voi co 'l vostro aspetto;
Ei quel volto gentil, che 'n lui ristretto
   Arde a prova di voi d'un lume istesso,
   Hor vi dimostra in viva imago espresso
   Quasi sol degno de' begli occhi oggetto;
Mirate in lui, come leggiadra, e vaga
   Gratia riluce allor ch'amica, e pia
   Dolcezza l'orna, e le mie doglie appaga,
E come poi l'alta beltà natia
   Deforma, se crudel arde, et impiaga,
   E i lumi asconde dispettosa, e ria.

LXXIV
[*Al canto di una Donna*]

Chiuder gli occhi al gran lume, e lo splendore
   Schivar credea de' vostri raggi ardenti,
   Ma vag'arte m'accese, e i vaghi accenti
   Ferir l'orecchie, et infiammaro il core;
Ahi come dolce lusingando Amore
   Dolce languia ne' languidi concenti,
   Che nova gioia, hor più vivaci, hor lenti,
   Porgean quasi esca di novell'ardore;
Misero allor diss'io, come si pote
   Alma schermir, che 'n mille modi assale,
   E con mill'arme Amor punge e percote?
Chi vincer può se contrastar non vale?
   Che se son da gli sguardi, e da le note
   Doppie l'offese, ancor fia doppio il male.

LXXV

[Sovra la sua così lunga infermità con sei altri che seguono]

Signor, quest'è tuo colpo, ecco la mano
    Ch'a sé mi trahe, però mi sferza, e punge,
    Ecco che mi ferisce insieme, et unge,
    E, se 'l corpo percote, il cor fa sano;
O de' tuoi gran misteri alto, e sovrano
    Divin consiglio, ove l'human non giunge,
    Da cui restio s'arretra il senso, e lunge
    Cerca fuggir, ma si dilunga in vano;
Ei perché teme i tuoi giuditii, poco
    Di sé si fida, e lascia infermo e cieco
    Più a i falli suoi ch'a le tue gratie loco;
Ma resti fisso entr'al suo fango, e seco
    Le sue dolcezze; e doglia, e ferro, e foco
    Da lui mi parta, e mi congiunga teco.

LXXVI

A che m'infiammi, e novo incendio ardente
    Desti nel cor, che già si strugge, e sface?
    Non è degn'esca, Amor, de la tua face
    Vil polve, e secca, e cener freddo algente;
Ecco hor le mie virtù deboli e lente
    Tronca morte, e depreda empia, e rapace,
    Ned ei mentr'a i suoi colpi infermo giace
    D'ambo l'offese è di soffrir possente;
Misero, e come può fra 'l ghiaccio e 'l foco,
    Se d'una sol l'imperio non sostene,
    A due contrarie signorie dar loco?
Tu talor di dolcezze, ella è di pene
    Ministra eterna, e fra 'l tuo riso e 'l gioco
    Il suo pianto, e 'l dolor non si convene.

LXXVII

Già fredda intorno il cor mi cinge, e regna
    Nel corpo afflitto incrudelita e fera
    Morte, e nel volto vincitrice altera
    Erge de' suoi trofei pallida insegna,
E, perch'eterno imperio in me ritegna,
    Fatta immortal, non vuol ch'io caggia, e pera,
    Ma fra' suoi mali ancor salda, et intera
    Quasi esca sua la vita mia sostegna;
Lasso, ch'a mille stratii aspra, e superba
    Vivace tiemmi, non più cruda, e dura
    In vincer già, che 'n perdonarmi acerba,
Che, qual dannata a prigion lunga oscura,
    Vaga di sangue, l'alma a viver serba
    Breve et incerto, et a morir che dura.

LXXVIII

O quando fia, che rotto il duro stame
    Che co 'l mondo mi lega, al ciel mi mene,
    E da gli abissi a l'ombre sue serene
    Smarrita agnella il mio pastor mi chiame?
Quando fra i paschi e i rivi suoi la fame
    Sarà che satii, e la mia sete affrene,
    E certa l'alma il suo perpetuo bene
    Tranquillo goda, e più non speri, o brame?
Deh, ché non sdegno homai di questa vita
    L'alte lusinghe, onde ritiemmi, e toglie
    Sotto un breve piacer gioia infinita?
Ché non morte desio, s'ella mi scioglie,
    E tronca con dolcissima ferita
    L'empia radice di sì amare doglie?

LXXIX

Corro al mio fin veloce, e già ruina
   Precipitoso il viver mio fugace,
   Che d'alto giel, che si distrugge, e sface,
   Quasi torbido rio, cade, e declina;
Già de gli anni la fresca, e matutina
   Soave età, che più diletta, e piace,
   A gli oltraggi di morte esposta giace,
   Come tenero fior, languida, e china:
Misera vita, a che caduco, e frale
   Schermo t'appoggi, e rapida, e 'nquieta
   Brev'hore aggiunger tenti al dì fatale;
Ahi posi homai chi mi ritiene, e vieta
   Tranquillo stato a l'alma, et immortale,
   E voli ella al suo ben libera, e lieta.

LXXX

Sorge contr'a l'incarco acerbo, e greve
   Del mio dolor la speme alta, e sublime,
   Qual lance suol, che quinci il peso opprime,
   E quindi scarca s'erga, e si solleve,
Ma qual fondata in fral sostegno, e leve,
   Ch'oltra le forze il suo valor estime,
   Cade ella tosto, e de le glorie prime
   Misero il fine, e la dolcezza è breve;
Né però al suo destin ceder già vole,
   Ch'ardita pur su la ruina antica
   Drizza a nuovi desir superba mole,
E doppiando i miei danni e la fatica
   Rinascer sempre a la sua morte suole,
   E 'n poca gioia eterno mal nutrica.

LXXXI

Ahi che pur mi percote empio, e mi punge,
　　Non pago ancor del freddo corpo esangue
　　Sugger le vene, insatiabil angue,
　　E nove piaghe al cor trafitto aggiunge;
Ma chi da me ti scosta, e perché lunge
　　Signor ti stai, né l'alma odi, che langue?
　　Come del pianto mio, lasso, e del sangue
　　Il rio largo, e corrente a te non giunge?
Deh pria ch'acerbo il giorno estremo assaglia
　　Lo spirto stanco, almen sì lungo affanno
　　A suo perdono, e gloria tua mi vaglia,
E di sì perigliosa aspra battaglia
　　Il fin sia queto, e pregio, e vita il danno,
　　Et al tuo regno a coronarsi ei saglia.

LXXXII

De la pianta gentil, ch'alte, e profonde
　　Fisse al mio cor radici, e crebbe tanto
　　Dal mio stil colta, e i miei sospiri, e 'l pianto
　　Le fur dolce aura, e chiare, e lucid'onde,
E di quella sua verde amica fronde,
　　Ond'ebbi ombre, e corone, e gloria, e vanto,
　　In cui fer nido i miei pensieri, e canto
　　Spiegaro, e note allor pure e gioconde,
Caduto è 'l pregio, qual se sfrondi e sterpe
　　Borea, qualor fremendo il cielo ingombre,
　　Arbor leggiadro, e lasci ignuda sterpe;
Lasso, io non scorgo in sì mutate forme
　　Un raggio pur, ch'almen da lunge adombre
　　De l'antiche bellezze i segni, e l'orme.

LXXXIII

*[Alla Signora D. Flavia Peretti nel suo matrimonio
co 'l Signor D. Verginio Orsino]*

O pensier dolce del gran Padre, e caro
    Del tuo sposo gentil desio felice,
    Donna, che 'n te beata, e 'n lui beatrice,
    Gloria gli apporti, e ne ricevi a paro,
Poscia ch'amiche stelle ambi legaro
    D'un laccio istesso, e che sperar ne lice
    Quel che n'aspetta il mondo, e 'l ciel predice,
    Frutto da nobil piante eterno, e raro,
Vedi com'ei languisca, e ne la mente
    Tenera ancor di tue bellezze i segni
    Gl'imprima Amor con pura fiamma ardente,
Come fra le repulse, e fra gli sdegni
    D'honesta amante, ch'arde, e non consente,
    Le gioie accresca, e le dolcezze insegni.

LXXXIV

Canzone Quarta
[In morte del Sig. Mutio suo fratello]

Salisti al cielo, e i pregi tuoi ti furo
    Quasi scala al fattore, à lui ritorno
    Festi, Spirto beato, in lui fe' giorno
    Quel Sol, che cadde a gli occhi nostri oscuro,
    Mentre il tuo crine intorno,   5
    Qual nobil cerchio di bei rai lucenti,
    Cingea corona di virtuti ardenti;
    Lasso, hor che morte intempestiva spense
    Le tue glorie nascenti,
    E 'l dì, ch'a pena accense   10
    L'aurora tua, crudele Hespero estinse,
    Io, che sangue a te giunse, Amore avinse,

    Che teco unito, et indi ornato, e chiaro
    De la tua luce sfavillava in parte,
    Poi ch'i tuoi raggi empio destin avaro   15
    Da le tenebre mie pose in disparte,
    Fui, come puro, e luminoso teco,
    Così fuor del tuo lume ombrato, e cieco.

Ma chi ci parte? E qual divider forza
    Può due cor, che sì stretti un nodo unio?   20
    Come non resti meco, o non veng'io
    Pur dietro a te? Quai leggi Amor non sforza?
    Può troncar empio, e rio
    Fato il fil, che due vite in un raccoglia,
    E me ritenga, e te rilasci, e scioglia?   25
    Può, dove un fin comun ebbe ogni sorte,
    Et un'istessa voglia,
    Varie nutrir la morte
    Fortune, e stati? A te disciolto, e scarco
    Aprir di là di quest'esilio il varco,   30
    Me fra lacci tener fera, e superba
    Chiuso ne la prigion di queste membra?
    Può, mentr'a l'un pietosa, a l'altro acerba,
    Me serbar vivo, e te d'ancider sembra,
    Far a mia pena, e tua gloria infinita,   35
    Eterna in me la morte, in te la vita?

Ma tu ch'al tempo, e a i danni suoi ti togli,
    Et a l'eternità ti serbi e rendi,
    Frate, perché fra 'l lume, onde risplendi,
    De la tua gioia in parte hor non m'accogli?   40
    Perché talor non scendi
    Novo Polluce, e parti i mesi, e i giorni,
    E le vite alternando a me non torni?
    Deh de le gratie, ond'infinito abondi
    Fra quegli alti soggiorni,   45

Al mio caduco infondi
Ben poco homai, che l'imperfetto aiute,
O qual segno di pace, e di salute
Lieto fra i nembi tempestosi amari,
Ove 'l mio pianto mi sommerge, almeno   50
Felice fiamma, e desiata appari;
Così guidami a te col tuo sereno,
E tu sii de la vita aspra inquieta
La stella e 'l porto, e le tempeste acqueta.

E ben stella sei tu, di doppia luce,   55
    De le chiare opre tue serena ardente,
    Ma più de' rai di quel gran Sol lucente
    Che vivace, et eterno in te riluce:
    Questi l'inferme, e lente
    Potentie avviva, e tu capace fatto   60
    Quel celeste suo don disponi in atto;
    Come toglie dal Sol ch'a noi qui sorge
    Occhio purgato a fatto
    La luce, onde lui scorge,
    E ciò che 'n altri e 'n sé di lume impresse,   65
    Così al tu' esempio le sue forme istesse
    Rendi, e dipingi lui, che non diviso,
    Qual sommo ben per tutto ampio e diffuso,
    In te, mentre lo miri intento e fiso,
    Si strinse in poco angusto spatio chiuso,   70
    Che quasi specchio in breve imago, e viva,
    L'immenso suo misuri, e circonscriva.

Specchio, ov'espresso il suo gran lume appare,
    In cui di se medesmo ei si compiace,
    Che dal suo Sol percosso alma e vivace   75
    Fiamma, e faville spira ardenti e care,
    E di quei rai la face
    D'alta humiltà nel cavo centro accolta,

Come a su' oggetto, in lui raggira e volta,
Et a quel segno sol, quasi ad un punto,   80
Drizza l'alma rivolta
In un ristretto e giunto
L'infinito splendor, che 'n lei si sparse,
E lui del foco infiamma, ond'ei pria l'arse;
Deh come e quinci e quindi allor si move,   85
Fervido Amore, e saettando giostra,
Come, se di lassù dolcezza piove,
Di giù letitia, e purità dimostra,
E s'indi ei largo e premi, e gratie spende,
Ella in lor vece e lodi, e glorie rende.   90

Tu lieve e scarco dal tuo carcer lunge
Spiegasti Angel novello a Dio le penne,
Qual parte suol, ch'a forza altri ritenne,
Che sciolta al tutto suo si ricongiunge,
E l'alma, onde già venne,   95
Con breve giro a chi la diè, rendesti,
E fu 'l tuo fine, onde principio avesti:
Colà l' desio, la fede, e quella speme,
Che quinci in lui tenesti,
Fur la tua scorta insieme,   100
E gli effetti adeguaro a i tuoi pensieri;
Allor seguiro a le speranze i veri
Diletti, e fermi, e satio allor non ebbe
Che più bramar, né che sprezzar l'affetto;
A la mente piacer perpetuo crebbe,   105
Pace al volere, e luce a l'intelletto:
Beato amante allor lo spirto appresso
Giacque al su' amato, e trasformò se stesso.

Fra quelle fiamme, ov'arso il tuo cor hai,
Gli humani affetti inceneriti hor lassi,   110
E quasi a simil tuo voli, e trapassi,

E celeste, e divino in Dio ti fai,
E qual conforme fassi
Al foco onde s'imprime o ferro, o pietra,
Che, come forma, in loro opra, e penetra,   115
Tal fra l'incendio suo stato e natura
Indi lo spirto impetra,
E cangia, e trasfigura
Se stesso in lui, che del su' amor l'accese,
Anzi convien, ch'entr'a l'ardor ch'apprese,   120
Dolcemente struggendo ei si dilegue,
E, come stilla in ampio mar si mesce,
Ch'i flussi e i moti inseparabil segue,
Né l'acque sue, ma se medesma accresce,
L'alma fra quegli abissi immersa e mista   125
Nuove grandezze in Dio confusa acquista.

Ivi al suo sposo caritate, e zelo
Cara la stringe, e quel, che 'n terra feo,
E fu pegno la fé, santo Himeneo,
Stabile e fermo hor si consuma in cielo,   130
Ivi da grave e reo
Sospetto sciolta i suoi piacer possede,
Gravida poi di quel ch'intende e vede
L'alto concetto in sé forma, e ritiene,
Da cui poscia succede   135
Parto, ch'a nascer vene
Godendo amando fortunato, e lieto,
Ivi fra le sue braccia amico, e queto
Sonno dorme tranquilla, e 'n lui si posa,
Che 'n quell'alta quiete apre e rivela   140
I primi rai de la sua luce ascosa,
E nel suo più secreto, ov'ei si cela,
Riposto albergo, lei, che langue, e brama,
Entro a le sue delitie accoglie, e chiama.

All'hora in dolce e pretiosa cena,   145
    Se stesso offrendo, e cibo fassi, e mensa,
    Ov'ella ingorda ha fame, e sete intensa
    Non men digiuna, che già satia, e piena,
    Né quella copia immensa
    Noia le porge, e 'n quel che brama abonda,   150
    E del torrente, che sì largo inonda,
    E dal gran fonte suo rapido corre,
    Beve assetata l'onda,
    Sì che tutt'altro abhorre;
    Indi e sovra 'l suo stato alzata allora,   155
    (Che 'n sé non cape) e di se stessa fora,
    Di quel nettar divin s'inebria, et empie;
    Celeste manna, che si varia e muta
    Ne i gusti altrui, che l'altrui voglie adempie,
    Ch'a goder di se stessa i sensi aiuta,   160
    E dal tempo incorrotta altrui rinfranca,
    E sorge, e cresce, e mai non scema, o manca;

Allor de gli atti suoi, de le fatiche
    Premio ella coglie, e i fregi, e la corona,
    Ch'ei già serbolle, hor le dispensa e dona,   165
    Nobil trionfo a le vittorie antiche,
    Ivi, mentre risona
    Di concorde armonia perpetua lode,
    Che di lui, che la move, intorno s'ode,
    Qual cetra suol, ch'a dotta man risponde,   170
    Gioisce anch'ella, e gode,
    Che 'n voci alme, e gioconde
    Famoso il nome suo voli, e ribombe,
    E de' suoi pregi siano Angeli trombe,
    Virtù ministre, e queste pompe ancelle,   175
    Che 'n lunga schiera debellati, e vinti
    I vitii tragga, e sian l'eccelse, e belle

Opre i trofei del suo valor dipinti,
E i suoi talenti raddoppiati, e pieni
Servo fedele al suo signor rimeni.   180

Canzon, dal cielo io veggo
    Ch'a i voti miei benigno nume aspira,
    Già qual mio Sol d'intorno a me s'aggira,
    E fra le nebbie mie mi scopre il lume,
    Ch'a sé m'infiamma e tira,   185
    Già l'antico costume
    Del mio dubbio sentier fidata scorta
    Rinova, e i passi drizza, e mi conforta.

Di lui, che sopra il freddo figlio esangue
    Padre piange infelice, acqueta il lutto,   190
    Di' che del fior, che qui troncato langue,
    A sé Dio colse, e 'n ciel ripose il frutto,
    Ivi fra gli alti honor, fra i pregi suoi
    Hor lo miri, e contempli, e godrà poi.

LXXXV

*[Nella morte della Signora D. Anna di Toledo,
con quel che segue]*

Qual per entro a le nubi ardente, e puro
    Lampo, che fugga, e fosco il ciel più lassi,
    Tu fra quest'ombre luminosa passi
    Ma resta il mondo più turbato, e oscuro;
Ben dove i raggi tuoi lucenti furo
    Ferma la tua memoria e viva stassi,
    Quasi trofeo, che di sue glorie fassi
    Schermo dal tempo ingiurioso, e duro;
Come là dove pretioso, e raro
    Licor si sparse già, l'aria d'intorno
    Serba l'antico odor soave, e caro,
Così ritien la terra, in cui soggiorno
    Festi sì dolce, ancor famoso, e chiaro
    Di mille fregi il tuo bel nome adorno.

LXXXVI

Gli occhi, onde chiaro aprirsi il giorno sole,
    Che de' raggi d'amor furo Oriente,
    Rinchiusi ha morte, e 'n quel bel giro ardente
    Là dove nacque hor si nasconde il Sole,
E qui si chiude, e 'n queste luci vole
    Viver sepolto Amor, cieco e dolente,
    Che, se vive fur nido, hor siano spente
    Tomba felice a le sue glorie sole:
Ma tu beata il tuo celeste lume
    Giri in più vago cielo, ivi risplendi
    Benigna stella, e fortunato nume;
Ivi, qual Berenice, il crin distendi,
    E quasi lampi, onde quest'aria allume,
    Le faci eterne del bel guardo accendi.

LXXXVII

[Nella morte del Sig. Antonio Miraballo in Fiandra]

Tu morendo risorgi, o chiaro, e forte,
    Che de la fama avaro, e de la vita
    Prodigo, co 'l tuo sangue in noi scolpita
    Viva lasci e famosa hor la tua morte,
Giovane invitto, e 'ncontro a dura sorte
    Corri, ove gloria il tuo valore invita,
    E folgorando ne la destra ardita
    Stragge a i nemici, a i tuoi rimedio apporte;
Tal parve un tempo audace Oratio il ponte
    Chiuder feroce, e sostener sol esso
    L'impeto e i colpi a cotant'armi a fronte;
O riparar da mille lancie oppresso
    Detio de' suoi già le ruine, e l'onte,
    Et al publico fato offrir se stesso.

LXXXVIII

[Nella morte d'un amico]

A te, ch'amato amai, da cui serene
    Trassi già l'hore, e vita ebbi, e sostegno,
    Alma felice, ahi ben contrario, e 'ndegno
    Frutto d'amor, gran pianto or si convene;
Dunque d'amaro duol torbide e piene
    L'onde lor spandan gli occhi, e doglia, e sdegno
    Versi verace ben, ma picciol segno,
    E breve parte di perpetue pene;
Tu, che chiusa a i piacer, larga a gli affanni
    Strada m'apristi, onde penose, e meste
    Corra le notti e i dì la vita, e gli anni,
Queste lagrime mie, quasi funeste
    Pompe raccogli, e 'n loro empia de' danni,
    Ma d'amor dolce la memoria reste.

LXXXIX

[Alla Signora Duchessa di Nocera Castriota
con due altri che seguono]

Può ben le glorie de' grand'avi vostri
    Poco, Donna, bramar chi mira in voi,
    Qual breve imago, che quei primi Heroi
    E le grandezze lor raccolga, e mostri;
In voi la fama, che da mille inchiostri
    Sparse eterna e felice i gridi suoi,
    Quel, che lieta cantò, scoverse poi,
    Come in vivace esempio, a gli occhi nostri:
Donna real, di cui ragioni e cante
    Questa, né 'nvidie a l'altra età l'antico
    Valor, ma più del suo s'appaghe, e vante,
Cui, quasi a Nume suo benigno amico,
    Inalzi hor tempi, ove l'altere e sante
    Bellezze adori in cor saggio, e pudico.

XC

Troppo, Donna, a se stesso in voi compiacque,
    Qualor vi scorse il cor stupido, e stolto,
    E 'n lui da i rai de l'alma, e del bel volto
    Dietro a la maraviglia il desio nacque;
Ei sì confuso entro a l'abisso giacque
    Di tante glorie, a contemplar rivolto,
    Che poco di voi disse, e di quel molto
    De' vostri pregi il più nascose, e tacque;
Né già men lode il mio tacer vi diede,
    Ché del sommo valor vostro gentile
    Fu il non poter lodarvi eterna fede,
Che se non vi comprende ingegno, e stile,
    Degn'è che 'l cor quel che non cape, o vede
    Con devoto silentio adori humile.

XCI

Spiegar terreno stil l'alta, e celeste
    Vostra beltà qual fia ch'ardisca, o speri?
    Se di lei scarsa, a i sensi et a i pensieri
    Non intesa o non vista altrui la feste;
Voi di voi stessa ricca i pregi aveste
    Sol dal vostro valor saldi, et interi,
    Qual mar, ch'a l'onde de' suoi rivi alteri
    Di fuor non cresca, e pieno in sé si reste;
Ma degno è ben, che s'apra, e si diffonda,
    Né fra le glorie sue chiusa e ristretta,
    Quasi in nobil sepolcro, ella s'asconda,
Che se fia la sua vista a noi disdetta,
    Povera a gli occhi altrui di quel ch'abonda,
    Sconosciuta cadrà forse, e negletta.

XCII
[Mentre due Donne s'abbracciavano fra loro]

A dolce scontro due guerrere audaci
    Et a pugna amorosa Amore invita,
    Et elle l'una a l'altra bocca unita,
    Scoccar le labra, e saettaro i baci,
Ma fur finti i lor colpi, e in me veraci
    Fisser le piaghe, e l'alma ivi invaghita
    Trasse da' scherzi lor pena infinita,
    E vere doglie da piacer fallaci;
Ella beata entro a quei spirti involta,
    Che spiran giunti, corse ove distilla
    Qual da due fonti alta dolcezza accolta;
Lasso, ch'a maggior stratio Amor sortilla,
    Che da doppi nemici in mezo colta,
    Se pria d'un solo, hor di due strai ferilla.

XCIII

Mille vaghezze entr'un bel volto accoglie,
 Ma sparge indi in altrui tormento e pena
 Beltà, che di dolcezza e dolor piena,
 Beando ancide, e 'l duol le glorie toglie;
Mesce fera ad ognor diletti, e doglie
 Fra le tempeste hor torbida, hor serena,
 E spronando il desio l'ardire affrena,
 E sforza insieme, e tempra in noi le voglie:
Dura legge di lei, ch'i servi suoi
 Onde vita promette, a morir danni,
 E 'n sembianza di pace i vinti annoi;
Che libri il peso di securi affanni
 Con incerto piacer, sì ch'altri poi
 Goda il suo ben, quando ne prova i danni.

XCIV

[*Mentre a caso una Donna sputò sopra l'autore*]

Di quel celeste humore,
 Che più grato, e soave Hibla non stilla,
 Da vaghe labra aventurosa stilla
 Ape novella Amore
 Trasse, e 'n me sparse, e medicò l'ardore: 5
 Che se con gli aghi punge
 D'alta ferita intensa,
 Hor di dolce licor la piaga m'unge,
 E la gioia e 'l dolor tempra, e compensa.

XCV

A gli ardenti desiri Amor ben torre
    Il fin bramato può, non già l'affetto,
    Ch'a voi de i pregi miei, del mio diletto
    Felice meta il cor libero corre,
Ma giunto a voi tosto al mi' ardore opporre
    Il ghiaccio io sento allor del vostro petto,
    E spinto è l'un da l'altro, e 'n sé ristretto
    La fiamma il gielo, e 'l giel la fiamma abhorre,
E, qual la terra entro nel grembo interno
    Il freddo o 'l caldo in sua difesa accoglie,
    Se l'arde il Sole, o se l'agghiaccia il verno,
Tal, mentre a voi s'appressa, in voi più rende
    Fredde il mio 'ncendio l'indurate voglie,
    E 'l vostro ghiaccio il mio gran foco accende.

XCVI

[*Nella ferita del braccio del Duca di Parma in Francia*]

Miri vinta spiegar chiari e famosi
    Gallia i tuoi gigli, e i suoi caduti, e sparsi,
    E 'n su l'immonde mense altari alzarsi,
    E rifar tempi, e voti offrir pietosi;
Sveglia in te le giust'ire, e gli orgogliosi
    Mostri, ond'ardisce a Dio rubella farsi,
    Tu nuovo Giove hor fulminati, et arsi
    Co 'l braccio atterra, in cui puoi tanto, et osi;
Vedi, che de' suoi danni ella presaga,
    Quasi ch'indi sol tema, e 'n sé non speri,
    La fatal destra insidiosa impiaga;
Ma vedrà 'l giogo a i suoi Giganti alteri
    Sanguigna imporre, e più stillar la piaga
    Gloria, che sangue, e debellar gl'imperi.

XCVII

Quando scopre Madonna ambe le stelle
    De' suoi begli occhi a i miei lieta, e serena,
    L'alma de' raggi suoi gravida, e piena
    Voglie e speranze crea vaghe, e novelle,
Ma tosto a me le gira acerbe, e felle,
    E tronca ogni mia gioia amara pena,
    Qual nuovo germe, che pur nato a pena
    Empia man da radice ancide, e svelle;
Così sterile e secco il mio desio
    Tenero ancor convien che caggia e pera
    Vinto da l'odio suo crudele, e rio,
Et in un tempo a me benigna e fera
    Move del guardo hor disdegnoso, hor pio
    A i miei pensieri e verno, e primavera.

XCVIII

[*Mentre li fu detto da la sua Donna ch'errava in amarla*]

Ben veggo, errai, ma furo erranti e stolti
    D'amore i modi, e non gli affetti ond'arsi,
    Ch'amar devea, ma con più lenti, e scarsi
    Desii frenando i miei pensier disciolti;
Pur chi pon freno là 've Amor travolti
    I sensi altrui de' suoi diletti ha sparsi?
    Chi puo star, s'egli sprona, o chi ritrarsi,
    Né restar preda ov'ha i suoi lacci avolti?
Dunque l'amar fu forza, e se l'affetto
    Trascorse poi, bramò forse sperando
    Pareggiar co' suoi merti il mio difetto,
O pur l'altezza del suo grand'oggetto
    Adeguar con la mente, e farsi amando
    Di suprema cagion supremo effetto.

XCIX

[Al Dottor Giulio Iasolino nell'opra sua de i bagni d'Ischia]

Là, dove in pena del suo fallo audace
    Empio Gigante antico foco asconde,
    Ch'ognor disciolto in fumi, o fisso in onde
    Fuor de l'arido sen sorge vivace,
Nuovo Esculapio hor tu fido e verace
    Scopri valor ne le salubri sponde,
    Ch'in noi vitale, e vigoroso infonde
    A le piaghe rimedio, a i dolor pace:
Emulo di natura a prova rendi
    Altrui vita, e salute, anzi a se stessa,
    Ov'ella manca, i suoi difetti emendi;
Nobil virtù, che 'n mille modi espressa
    Né mai di giovar satia, or non risplendi
    Ne l'opre sol, ma in queste carte impressa.

C

Sacro ministro a le tue glorie eletto
    Per man d'Amor, di te ragiono, e canto,
    Et è la tua belta l'idol mio santo,
    E sua vittima e tempio il core e 'l petto,
Quinci d'alti sospir fumante, e schietto
    Odor ti porgo, e lodi io spargo, e vanto,
    E purgo al fonte d'un devoto pianto
    De' miei rozzi pensier l'immondo affetto,
Quivi l'ardor, che dal tuo raggio apprende,
    Casta serba la mente, e ché non pera,
    Pasce d'esca vitale, e 'n sé raccende;
Ma fero nume, e deitate altera,
    Che 'l suo poter sol mostra allor ch'offende,
    E regna poi, che distruggendo impera.

CI

Mentre sfoga i suoi sdegni il vostro orgoglio
     Nel cor, ch'humile al suo furor consente,
     E con sorte inegual cresce egualmente
     In voi fierezza, in me pena, e cordoglio,
A voi scopro il mio mal, ma 'ndarno scioglio
     Donna, la lingua in suon mesto, e dolente,
     Che 'l vostro duro cor voci non sente
     Più dolci mai di quelle, ond'io mi doglio,
Ché qual da tromba, che risoni, e canti
     Le glorie vostre, indi ascoltar godete
     De l'acerba mia morte i pregi, e i vanti,
E l'empia fame allor cruda pascete
     Nel sangue mio, né pote il mar de' pianti
     A sì fero desio spegner la sete.

CII

[Ad una signora, che si pose tra molte spade,
     e racchetò un grandissimo rumore]

Ove di sangue vaga empia et altera
     L'ira armata fremea rapida, e stolta,
     Corse infiammata il viso, e 'l crin disciolta
     (Armi forti, e possenti ond'altri pera)
Vaga Donna, d'amor dolce guerrera
     Usa a l'alte su' imprese, e dove folta
     Turba il ferro aggirava, ella rivolta
     Sola quetò feroce audace schiera,
Che folgorando da' bei rai, percosse
     L'alme di maggior piaghe, e dentro a i cori
     Riverenza, e dolcezza, e stupor mosse,
E da gli strai, che saettar gli amori,
     Cadder gli sdegni, e le superbie scosse,
     Né sostenner quegli occhi i suoi splendori.

CIII

Cenere è quel, che 'n lungo incendio ardente
   Soave foco in su 'l mio cor si sparse,
   E de l'antiche sue faville, ond'arse,
   Già fredde hor segna le vestigia, e spente;
D'un sì leve principio, aspro e possente
   Qual crebbe il mio dolor, qui può mirarse,
   E de' miei danni le ruine sparse
   Fien di misero fin segno dolente:
Morto lo spirto, che talor vivace
   Le sue fiamme sostenne invitto, e forte,
   Non sente, o gusta il cor dolcezza, o doglia,
E, se già visse in pene, or ne la morte
   Queto giace, e tranquillo, e questa spoglia
   Lacera e rotta almen riposa in pace.

CIV

[Mentre passava l'hore in una dolcissima conversatione
ov'era la sua Donna]

Quest'hore tue, che sacre a te, furtivo,
   E profano, e rapace il tempo invola,
   E le gioie, onde l'alma hor si consola,
   E lo spatio ne porta, in cui son vivo,
Amor deh ferma tu, che quanto io vivo
   A te si deve, e tua la gloria è sola,
   Frena la vita, che fugace vola
   Dietro al vago suo bene, e fuggitivo;
Sii tu del viver mio legge fatale,
   E 'l Sol benigno de' begl'occhi amici
   Gli anni miei giri eterno, et immortale;
Da le due stelle angeliche beatrici
   Ch'i segni son del corso mio vitale,
   Spieghi fato amoroso i dì felici.

CV

[Ad una mano che lavorava una rete]

L'armi tue strali son, perché l'offese
    Tu muti in me, né cangi il primo male?
    O bella man, non men cruda e mortale
    Se spinti i dardi, o se le reti hai tese,
Ecco, hor ch'a gli occhi miei scopri cortese
    L'avorio, e tessi al cor nodo fatale,
    Di lacci armato ascoso Amor m'assale
    Di tue bellezze al varco, in cui m'attese;
Allor mi volgo al bel guardo felice
    Di quei lumi sereni, onde a' miei guai
    D'aver mercede, o di sperar mi lice,
Ma fra l'incendio de' cocenti rai,
    "A cui misero credi?" Amor mi dice,
    "Ferito, e preso, e 'ncenerito andrai".

CVI

Arde nel cor, quasi in fornace accolto,
    Novello incendio, e 'l mio desir ne bolle,
    E le sue fiamme, che feroce estolle,
    Da la bocca, e da gli occhi esala il volto;
Come in lucido rio scopre il sepolto
    Dolor nel pianto, ond'è bagnato, e molle,
    E l'ardor, che ritenne, ardito e folle
    Già rompe il freno, e 'n voci erra disciolto;
Ma sembra humor, che 'n suon roco indistinto
    Esce da stretto vaso, e si confonde,
    E da se stesso è ritardato, e spinto:
Così di fuor l'interno mal dipinto
    Ombra torbida appar di ciò ch'asconde,
    Povero allor, che da la copia è vinto.

CVII

Piagasti, Amor, duo petti, e ben fu degno
    Quel, ch'ambo punse, aventuroso strale:
    Ahi chi di nova piaga, empia e mortale,
    Osa ferir di tue saette il segno?
Dunque altri i pregi del tuo nobil regno,
    Ch'ivi fondasti, temerario assale,
    E turbar le dolcezze, e mescer vale
    Fra le tue paci hor feritate, e sdegno?
E potrà furia forsennata ardente
    Le sue faci vibrar là 've i tu' ardori
    Soavi accese alta beltà lucente?
Beltà, che vinse i più superbi cori,
    Né però punto intepidite, o spente
    Di nuovi mostri avrà l'ire, e i furori.

CVIII

A le leggi d'Amor nemica sorte,
    Non valore o prudenza imbelle mano
    Armò feroce, e diè cruda al sovrano
    Pregio del mondo insidiosa morte,
E rotto cadde il più bel nodo, e forte,
    Che mai strinse due cor, placido humano,
    Et a l'alme congiunte acerbo, e strano
    Fato per mille piaghe aprì le porte;
Sentì de l'una le ferite, e 'l duolo
    L'altra nel proprio petto, e 'n vita avolte
    Versar morendo ancor lo spirto misto:
Coppia felice, hor nel suo seno accolte
    Vi serbi il ciel, qual glorioso acquisto,
    Che degno il ciel di tanta fede è solo.

CIX

[Mentre gli fu detto dalla sua Donna che tacesse]

"Taci", mi disse, e 'l duol, che 'n pianto amaro
    Uscia per gli occhi fuor, dentro si chiuse,
    E de le voci timide, e confuse
    Riverenza e paura il suon frenaro;
Allor muto io divenni, e 'n me restaro
    Da nova doglia le mie gioie escluse,
    E le speranze dal suo fin deluse
    Privo de' lor conforti il cor lasciaro,
Ch'ella dir volse: In van da te si chiede
    Pietà giamai, né lice al tuo dolore
    Pur di pregar, non che d'aver mercede;
Misero, e qual fia pena unqua maggiore,
    Ch'arder tacendo? o qual potrà di fede
    Pregio portar non conosciuto ardore?

CX

Corse dietro al suo mal l'anima errante,
    Ov'ampia strada alto diletto aprio,
    Quasi allettata al suon fallace e rio
    Di falsa maga, che lusinghi, e cante;
Hor dal su' error le traviate piante
    Volge, e ritorna onde già prima uscio,
    E 'n sé pentita accoglie il suo disio,
    Non più d'altrui che di se stessa amante,
E s'aspro è 'l colpo, onde trafitto e punto
    Da sdegno il cor l'antiche fiamme accese
    Spegne, e d'ira e d'orgoglio arde in un punto,
Dolce è la piaga, che 'l mio duol conforta,
    Ch'entro a l'amaro di sì gravi offese
    Ferendo sana, e 'l mal rimedio apporta.

CXI

Quei lacci suoi, che fra gl'inganni ascose
    Donna di due begli occhi, e 'l cor m'avolse,
    Ove cadere in pregio egli si tolse,
    E viver servo a libertà prepose,
Poscia, qual fera ch'i legami rose
    In cui giacea, romper sdegnoso ei volse,
    E 'l nodo, ch'arte o tempo in me non sciolse,
    Novo Alesandro di troncar dispose;
Qual recide talor perita mano,
    Acerba e cruda, ma pietosa amica,
    Putrido membro al corpo infermo, e grave,
Tal quella parte, ond'ei langue non sano,
    Disdegno svelle, e nova in lui l'antica
    Piaga risalda, e più non cura, o pave.

CXII

Chi fia che satii il cor, se 'l cibo, ond'have
    Sostegno in voi, di cui si nutre, e pasce,
    La fame accresce, e dal diletto nasce
    Novo desio via più noioso, e grave?
Questa è di maggior doglia esca soave,
    Quasi velen, che fuor si copra, e fasce,
    Ch'altri, qualor più bee, languido lasce
    Di doppia sete, e i sensi infermi aggrave:
Lasso, e ciò che da voi larga mi versa
    Benigna mano, è breve e dolce stilla
    In ampio mar di mille pene immersa;
Così fiamma talor, che da tranquilla
    Aura è commossa, o di liev'onda aspersa,
    Più superba e feroce arde, e sfavilla.

CXIII

Non può brev'hora il digiun lungo, e rio
   Quetar de l'alma desiosa ardente,
   Ch'improvisa dolcezza ella non sente,
   Et empie ben, né satia il suo desio;
Nel voler pronto, e ne l'ardir restio,
   Corro ove sprona Amor rapidamente,
   Né ben securo del mio ben presente
   Temo, e turba il sospetto il piacer mio;
Sembro qual huom cui dura fame aggrave,
   Che rabbioso, et ingordo egual divore
   Amaro cibo, o pur grato e soave,
Né di quell'esca, onde mi pasce Amore,
   I sensi a pien nodrisco, e più non have
   Già pieno e ricco, che mendico il core.

CXIV

Arde l'alma s'io miro, e se non veggio
   De' bei vostr'occhi i rai, cresce l'ardore,
   Lasso, e pur lungi è da la morte, e more,
   E 'l soffrir male, e lo schivargli è peggio;
Vivo è 'l desio mai sempre, ond'io vaneggio,
   Nemico interno, in cui mi vince Amore,
   E d'incendii ministro, e di dolore
   Fiss'ha nel petto a duro imperio il seggio;
A che dunque fuggirvi? indarno io spero
   Sottrarmi a voi, se 'n vostra vece ei regna
   De le vostr'ire esecutor severo,
Che se giamai conforto Amor m'insegna
   Ritrar da' miei pensieri, ei crudo e fero
   Altra, che da voi sola, aita sdegna.

CXV

Tu m'ardi, Amor, già nel mio petto io sento
    Foco destar, che gentil guardo accende,
    E forte è ben, ma poco in me s'apprende,
    Quasi gran lume in debile alimento;
Già da l'età matura un freddo, e lento
    Gielo per l'ossa entro nel cor mi scende,
    E l'antiche speranze honor riprende,
    E 'l giovenil desio vergogna ha spento;
Ben riconosco in me di quell'ardore
    Le forze in parte, e le dolcezze io provo,
    Ch'avviva, e scalda, e non distrugge il core;
Violenta beltà ne gli occhi trovo,
    Che sforza altrui, ma sol gioia, e stupore
    Hor move in me, non pena, o desir nuovo.

CXVI
[*Alla Maddalena*]

D'occhio divino indegna in sé confusa
    Si stima, e dietro al suo Signor s'atterra
    Donna celeste homai, non più di terra,
    E grata a lui de le sue gratie infusa;
Ella unge i piè, ma fuor l'alma diffusa
    In più soave odor scopre, e disserra,
    E prega, e sforza, e 'l grave fallo ond'erra,
    Ch'humiltà cela, amaro pianto accusa;
Stillin acqua hor quegli occhi, onde s'accese
    Non degno foco, e i crin, dice, negletti
    Sciolgan le reti a mille cor già tese,
Sprezzi mondana forma, a Dio gli affetti
    Orni sana la mente, e se l'offese
    Beltà di fuor, l'interno hor lo diletti.

CXVII

Signor, ben sembro anch'io povero oscuro
    Sepolcro a te, cui breve spatio è il mondo,
    Ma più del primo tuo rozzo, et immondo,
    Fetido già di mille colpe, e 'mpuro;
Quel marmo del mio cor sì freddo e duro
    Ecco a te s'apre, e dentro in lui t'ascondo,
    Tu risorgendo passa, u' chiusi in fondo
    In me i tuoi doni, e tante gratie furo,
Che, qual già i primi padri, hor queste in mano
    A signor crudo in prigion cieca indegna
    Giacquero volte a vil servitio, e vano;
Scioglile tu, tua sol l'alma divegna,
    Che per te fu creata, e 'l core insano
    In voce e 'n atti a riverirti insegna.

CXVIII

Fra gli abissi, Signor, dove sepolta
    L'alma si giacque dal tuo lume esclusa,
    L'occhio, e l'orecchia, che 'l suo fallo ha chiusa,
    Apri, e rimira, e le mie voci ascolta;
Già da' lacci del mondo in tutto sciolta,
    E di vergogna, e di dolor confusa,
    De le sue colpe in pianto homai diffusa
    A tempo ben, se tardi, a te si volta;
A te suo Dio, suo creator l'antica
    Sembianza chiede, e la vitale, e viva
    Tua forma a pena in sé conosce unita;
Tu radoppia le gratie, e 'n lei ravviva
    L'opra tua spenta, e con la mano amica
    Quel, che formasti, or riformando aita.

CXIX

Te, che sei vita altrui, di vita hor priva
    Fallo, che provocò divino sdegno,
    Et ei non more: ahi duro fatto indegno,
    Che chi t'ancise, in me pur spiri, e viva;
A i tuoi nemici non sdegnosa, e schiva
    Può dar quest'alma in sé vita, e sostegno,
    Empia, e nutrir ne i sensi, e ne l'ingegno
    De la tua morte ancor la cagion viva?
Può chi diè morte a l'immortal tua vita
    Far le mie colpe eterne, onde la morte,
    Che 'n te s'estinse, in me regni infinita?
Deh se già vinto il vincitor tuo forte
    Debile hor cade, sia con la tu' aita
    Di vittorie e corone anch'io consorte.

CXX

*[Al Sig. Ascanio Piccolomini Arcivescovo di Siena
nel ritorno dell'autore da Siena]*

Già dal mi' esilio peregrino errante
    La mia bella Sirena in sen m'accoglie,
    E di tante fortune in porto scioglie
    I voti il cor già tempestoso avante,
Ma quel desir, ch'a voi mi lega, a tante
    Gioie in parte il diletto invola, e toglie,
    E 'n due diviso, e fra sì varie voglie
    Son pago insieme, e desioso amante;
Voi de la mente mia caro desio
    Bramo, e ch'a voi m'unisca, e vi comprenda,
    Parte di me co 'l mio voler v'invio;
Hor chi ci strinse in un, soave emenda
    Al mio difetto porga, e 'l pensier mio
    S'a voi me dona, il vostro a me voi renda.

CXXI

[Risposta al Sig. Ascanio Piccolomini Arcivescovo di Siena]

Al vostro alto pensier sola è fatale
    E di voi degna alta beltà vivace:
    O come questa a quello si conface,
    Et è lo stile al gran soggetto eguale;
Voi al suo nome il volo, ella a voi l'ale
    Presta beate, e pari a sé vi face:
    Felice coppia, ch'a valor verace
    Sollevando l'un l'altro altera sale;
Divino ingegno, e fortunato inchiostro
    Ebbe ella in sorte, e voi d'eterno alloro
    Nobil materia ad illustrar le carte;
Così le gratie in ambo il ciel comparte,
    Che sete, unito al suo splendore il vostro,
    De le Muse e d'amor gloria, e tesoro.

CXXII

[Risponde a M. Scipione Bargagli]

Bargagli, al suon de le tue chiare illustri
    Rime, ond'honori il mio natio Sebeto,
    M'adorno anch'io ben fortunato, e lieto,
    Che l'ombre mie de la tua luce illustri;
Io fra le valli giaccio ime, e palustri
    Del pianto mio Cigno infelice, e cheto,
    Che neghittoso, e non però quieto
    Trapasso entro al suo limo i giorni, e i lustri;
E se pur canto, è ben mortale il suono,
    Cui morte è fine, e sol lo fa soave
    Desio di lei, che mille mali affrena,
Né forza incontro, o schermo il mio cor have,
    Che scorgo già le sue tempeste, e 'l tuono,
    Né, com'Ardea, passar le nubi ho lena.

CXXIII
[*Risposta a M. Verginio Turamini Sanese*]

Mentre dipinto in chiare eterne carte
    M'adorni, e illustri, e d'alte lodi, e pregi
    Pittor famoso hor mi colori, e fregi,
    E de le glorie tue m'accogli a parte,
Più ch'in me la natura, in te può l'arte,
    Ch'impresso e vivo entro a' tuoi carmi egregi
    Vien che sovra 'l mio merto altri mi pregi,
    E dal vulgo e da gli anni erga in disparte;
Così 'l tuo stil sott'un bel velo asconde
    Mia 'ndegnitate, e di sé ricco e pieno
    Seco il difetto mio mesce e confonde,
E ben fia poi, che 'l mondo in te m'honore,
    Né per tempo, o per morte andrà mai meno
    Nobil pensier di così nobil core.

CXXIV
[*Risposta a Fabritio Marotta*]

Misero Orfeo, che piange, e che sospira,
    Sembro, ma chiuso entro al penoso inferno
    De' miei gravi martir resto in eterno
    Alma dannata a prigion cieca, e dira;
Ivi la fera, che superba spira
    Veleno e sdegno, ogn'hor più cruda io scerno,
    E cerco indarno humiliar, ch'a scherno
    Prende i miei prieghi e 'l pianto, e 'l duol non mira;
Non può voci formar, se non dolenti,
    L'alma, ch'Amore afflige, ove dimora
    Crudel ministro d'alte fiamme ardenti,
Né ben consola altrui chi duolsi, e plora
    Le sue miserie: ov'i piacer son spenti,
    Qual può gratia o dolcezza apparir fora?

CXXV

[*Risposta al Signor Gio. Batt. D'Alessandro*]

Queste, ov'impresse più che 'n bronzi o marmi
    Le sue glorie ha Parnaso, et Helicona,
    Rime leggiadre, Amor detta, e risona,
    Et ei lo spirto, e son la tromba i carmi;
E ben desto da lor posso io levarmi
    Pigro da me là 've 'l tuo suon mi sprona,
    E mercé de' tuoi pregi aver corona
    Di fronde poi, ch'i versi honora, e l'armi;
Ma temo, perch'indegno a stil soave
    Soggetto hai tolto, che diverse l'opre
    Faran le carte de' mie' honor ripiene,
Che, qual più presso a l'altro a parer viene
    L'un de' contrarii, il tuo bel dir discopre
    Vaghezza in te, difetto in me più grave.

CXXVI

[*Risponde a Don Benedetto Dell'Uva*]

Ben in voi cominciò vago a mostrarse
    A la mia mente il Sol, che sì lodate,
    Ch'entro a lo stil, che di quei raggi ornate,
    Com'in su' Aurora, il suo splendore apparse;
Quivi io lo scorgo, e veggo indi formarse
    Degna prova di glorie alte, e beate,
    Ei de le lodi, ch'al suo nome date,
    Non men che voi del suo lume illustrarse;
Questi nel cor quel sacro incendio mio,
    Ov'ardo in pure fiamme, avviva, e desta
    Sol di pregiarlo, e riverir desio:
Felice tromba; allor che manifesta
    L'altrui bellezze, da l'eterno oblio
    Secura anch'ella, e gloriosa resta.

CXXVII

[Nella musica di Settimana Santa d'alcune Signore monache]

Al volto, al canto voi d'Angeli i cori
 Sembrate, o di lassù schiera felice,
 Che de' celesti spirti imitatrice
 Fra noi ti stai, ma vivi hor da noi fuori;
Se de' begli occhi i luminosi ardori,
 Quasi oggetto divin, fissar non lice,
 Ben l'alme il suon de l'armonia beatrice
 Rapisce al cielo e vi solleva i cori;
Prova terreno ancor perpetui e vivi
 Diletti il senso, e fa da sé diviso,
 Che mortal gusto ad appressarvi arrivi;
E fortuna è di lui, che se 'l bel viso
 Le glorie asconde, e i lumi suoi n'ha privi,
 Gode almen per l'orecchie il paradiso.

CXXVIII

[Ad una Donna, che portava una veste di rete]

Strali ha nel volto, e ne' begli occhi ardori,
 Leggiadra, e 'n atto di ferir cortese
 Nova Diana, che dal ciel discese
 A piagar l'alme, e depredarne i cori;
Già fur suoi lacci il crin, le reti hor fuori
 A sé d'intorno in ogni parte ha tese,
 Che, perché i pregi accresca, onde noi prese,
 Il fianco e 'l sen di sì bell'armi honori;
Non è parte di lei, ch'esca non sia
 Di prigion dolce, Amor fra que' bei nodi
 Hor col capo, hor col petto, hor col piè lega:
Ahi fugga pur, se libertà desia,
 Libero cor, che da sì vaghe frodi
 Giamai ritrarsi, o non cader si nega.

CXXIX

D'un lungo ardor fra mille carte impresso,
   Che pianto più ch'inchiostro un tempo asperse,
   E di varie in amor fortune averse
   Verace historia, e dolorosa intesso;
Spero chi m'arse ancor mirando in esso
   Che di tarda pietà lagrime verse,
   E quel che da le luci in me converse
   Non fu a le fiamme, al cener sia concesso;
O pur fia, s'altri il mio desio condanni,
   Che l'esempio gradisca, e 'n sé riprenda
   Le mie gran colpe, e schivi accorto i danni,
Et io, se 'n me vergogna avien ch'accenda
   Nobil disdegno, avrò de' primi affanni
   Se già non presta, hor tempestiva emenda.

APPENDICE

APPENDICE I

Rime indirizzate ad Ascanio Pignatelli
pubblicate *in limine* alla *editio princeps*

a. Testi prefatori

I

Il sig. fra Giulio Carafa in lode dell'Autore

Del più chiaro liquor che sorge, ed esce
    Dal sacro fonte glorioso tinge
    Le carte ASCANIO, e con nov'arte finge
    I gran Poemi, e 'l grave e 'l dolce mesce:
Con nobil meraviglia estolle e cresce
    Lo stile, e di color vaghi 'l dipinge;
    In brevi voci alti concetti ei stringe;
    Armonia disusata indi riesce.
Quelle due dotte, e fortunate lingue,
    Che di Laura e di Bice il sovran grido
    Portar veloci al più beato segno,
Tacciano hor, ch'ei di Pindo almo sostegno
    Risonar s'ode al più rimoto lido
    Col canto sì, ch'ogn'altrui fama estingue.

II

Il Sig. Pier Antonio Caracciolo nel medesimo

Qual ha Febo di voi più degna prole?
   Qual più amato nutrir le dotte, e caste
   Sorelle di Parnaso, ove poggiaste
   Giovane ancor per vie segrete, e sole?
Da maestro divin ne l'alte scole
   Temprar d'Orfeo la cetra ivi imparaste,
   E le note, ch'al suon dolce cantaste
   Ad ascoltarvi in Ciel fermaro il Sole:
Ecco s'odon per voi vive le carte
   D'armonia risonar nuova e celeste,
   E cantando acquistar vaghezza ad Arno;
Io d'un Ginebro ogn'hor tra l'ombre infeste
   Muovo, ASCANIO, a cantar le voci indarno:
   Colpa d'Amor, ma più difetto d'arte.

b. Corrispondenze poetiche di vari autori stampate
   in appendice alla *editio princeps*

III

Al Sign. Ascanio Pignatello
Ascanio Piccolomini Arcivescovo di Siena

[Proposta al n. CXXI]

Benché l'impura mia penna sì frale
   Non si sappia schermir dal tempo edace,
   E che la Donna a cui servir mi piace,
   Chiara sia per se stessa, et immortale,
L'alma beltà del velo suo mortale
   Di cantar tal desio m'infiamma, e sface,
   Che non posso frenar la mano audace
   Fetonte anco membrando, e 'l duro strale;
Onde avien pur, che spesso in carte io mostro,
   Come perle, rubini, avorio, et oro
   Scelse Natura, e 'n lei pose con arte;
Ma quando giungo a la divina parte,
   O del Sebeto gloria e stupor nostro,
   A voi mi volgo, a voi lascio il lavoro.

IV

Al Sig. Ascanio Pignatello Scipione Bargagli
[Risposta al n. CXXII]

O de' più dolci, adorni, chiari illustri

 Cigni, ond'hor sì risuona il bel Sebeto

 E sovra qual corra per fama lieto

 Fiume tra gemme, et or vien che s'illustri,

In queste d'Arbia quasi onde palustri

 Ogn'augel rauco sembra, o riman cheto

 Al nuovo canto, ch'ogni affetto quieto

 Rende, qual solea Orfeo ne' primi lustri,

Muovi le voci pur, rinuova il suono

 De la tua dotta alta armonia soave,

 Che tira arbori, e sassi, e fiumi affrena,

Ch'acceso almo desio d'apprender n'have

 Di sì rari concenti in parte il tuono,

 E d'alzar dietro a quei la debil lena.

V

Al Sig. Ascanio Pignatello Verginio Turamini
[Proposta al n. CXXIII]

Se voi lungi da gli altri in vive carte

 Ch'eterna fede fan de' vostri pregi,

 Di mille v'adornate illustri fregi

 Tutti al chiaro valor debita parte;

Voi d'honor ricco essendo, io pover d'arte

 Palustre Augel fra i Cigni d'Arbia egregi,

 Che posso dar? meglio è vi miri, e pregi,

 E che per riverenza io stia 'n disparte.

Mostrarò pur, che 'l cor gran cose asconde

 Co 'l tacito stupor, ch'a dirle a pieno

 Per destra, mortal lingua si confonde;

Certo ch'a Dio nel render degno honore

 Quel sommo Re del ciel non prezza meno

 D'una faconda lingua un muto core.

VI

Al Sig. Ascanio Pignatello Ascanio Piccolomini
[Proposta al n. CXX]
Come il più chiaro, e maggior lume errante
    Quando de l'Ocean, che 'n sen l'accoglie,
    Sorgendo, i suoi corsieri ardenti scioglie
    Mostra il bel de la terra ascoso avante,
Così la Musa tua, ch'a l'altre tante
    Antiche, o nuove il pregio invola, e toglie,
    Quando tesse scrivendo le sue voglie
    Alte, disserra il ben del vero amante;
Onde s'accende al cor nobil desio
    D'ogni lettor, ch'i tuoi carmi comprenda,
    O dolce segno, ov'i pensieri invio:
Più direi, se savessi, hor porge emenda
    L'amor tuo grande al gran difetto mio,
    E quest'ombre il tuo raggio illustri rende.

VII

Al Sig. Ascanio Pignatello Giovan Battista d'Alessandro
[Proposta al n. CXXV]
O degno a cui s'ergan colossi e marmi
    Honor del bel Parnasso, e d'Helicona,
    Per cui con maggior grido hoggi risuona
    L'Aonio coro in mille prose, e carmi,
Deh s'io potesse al quinto ciel levarmi
    U' non ardir, ma sol desio mi sprona,
    Che sperarei recar quella corona,
    Che 'l vostro invitto cor merta ne l'armi:
Altro più dolce suono, e più soave
    Uopo è Signor, che 'l mio, né eguale a l'opre
    Di supremo valor colme, e ripiene
Darsi può pregio, o lode, s'ei non viene
    Da quella stessa man, ch'in un discopre
    L'animo altero, e 'l dir leggiadro, e grave.

VIII

Al Sig. Ascanio Pignatello Paolo Pacelli

Quegli, ond'ASCANIO voi fra nobil gente
 Ite sì chiaro antichi illustri Heroi,
 E l'ostro, e l'or, per cui beato poi
 Vi stima il mondo, e chiama ancor sovente:
Ritegni non fur mai di quella mente,
 Ch'ad honor drizza i degni studi suoi,
 Così le luci altrui volgeste in voi
 A miracolo egual sì raro intente:
Certo non fu a voi par, né fia simile,
 Ché qual ebbe altri mai da la sua stella
 In far virtude, in dir famoso stile?
Me volse Amor in tutto a dir di quella,
 Ch'io non saprei, se più bella o gentile,
 Ma sopr'ogn'altra è ben gentile, e bella.

IX

Al Sig. Ascanio Piccolomini Ascanio Ramirez

Quella vaga, soave, e pura vena
 Di Poesia che nacque in su le sponde
 D'Arno, e rigò le sue liete e feconde
 Rive, e di Sorga la diletta arena;
Che nativa risorse e chiara, e piena
 Tra' flutti d'Adria, e passò sotto l'onde,
 Qual novella Arethusa, e poscia altronde
 Del Metauro inaffiò la piaggia amena;
Sì vivace hora sorge in te, che bagna
 Di Sebeto non solo i lidi, e l'herbe
 Ma l'alte rupi di Parnasso, e Pindo:
E 'ntorno a' sommi gioghi inonda, e stagna,
 Onde Febo il licore eterno serbe
 Al Re de' fiumi, al Tago, a l'Hebro, a l'Indo.

X

Al Sig. Ascanio Pignatello Pietro Antonio Corsuto

Ben potreste, Signor, co 'l chiaro ingegno
    Quasi novel Perseo di gloria adorno
    Poggiar tant'alto, oltre le vie del giorno
    Per farvi eterno in ciel figura, e segno;
De' vostri merti il peso Atlante indegno
    Non sosterrebbe al suo gran peso intorno:
    Forse ò per non recarsi ad onta, e scorno,
    Ch'ei mancasse a le stelle esser sostegno.
Voi solo honor del ciel, gloria del mondo
    Far potreste colonna a i pregi vostri,
    E risorger co 'l peso ogni hor più franco.
Che 'n van di Libia il domator de' Mostri
    Tentato havria co 'l faticoso fianco
    Per la pena alleggiar, sottrarsi al pondo.

XI

Al Sig. Ascanio Pignatello Giovan Battista Marino

Odan lo stil d'amor gli animi ardenti,
    Come scopra nel cor vivi i desiri
    E come da i diletti, e da i martiri
    Hor lieti tragga, hor dolorosi accenti.
Ecco se dolce canta, e l'onde, e i venti
    Fermansi, e i corsi de gli eterni giri;
    E stanno a l'armonia de' suoi sospiri
    I più famosi Cigni a prova intenti.
Se tal'hor piagne, in pianto accolto stilla
    L'humor del sacro, e glorioso fiume,
    E l'alme a suo voler turba, e tranquilla.
Felice penna, già di te le piume
    S'orna la Fama, e vola; in te sfavilla
    Un novo raggio de l'antico lume.

XII

Al Sig. Ascanio Pignatello Fabritio Marotta

[Proposta al n. CXXIV]

Qual trasse un tempo a sé la dolce lira,
  Che svelse i monti, e mosse Stige, e Averno,
  Accesa il fiero cor, d'amore interno
  Fera crudel, di sdegno sgombra, e d'ira;
Tale a sé del tuo canto il suon mi tira
  Onde sol fassi il tuo bel nome eterno.
  Che mentre ascolto, Amor, che tien governo
  Di me, meco qual suol più non s'adira.
Hor se con gli aspri miei lunghi tormenti
  Che guerra fanno a l'afflitta alma ogn'hora
  Ho tregua sol ne' tuoi soavi accenti;
Fa' ne le note tue sonar tal'hora
  I raggi del tuo Sol vaghi, e lucenti
  Di cui s'infregia il mondo, e 'l ciel s'indora.

APPENDICE II

Rime attribuite ad Ascanio Pignatelli, o a lui indirizzate, non incluse nell'*editio princeps*

a.   Dalle *Rime in morte di Irene di Spilimbergo* [1561]

XIII

O d'IRENE famosa, o nobil alma,
   Che dal corporeo manto uscita fuora
   Cinthia or dipingi, e la celeste Aurora,
   E del tuo ben oprar verde hai la palma:
Beata te, che di terrena salma
   Scarca vai contemplando ad hora ad hora
   Chi de le sue bellezze t'innamora,
   Fiamma del primo amor verace, et alma:
E beata, che 'n salda, e nuova barca
   Per le strade del ciel non poggi indarno,
   Dove vita immortal sempre si vive:
Di te scrivendo ch'il divin Petrarca
   Paterno agguaglia; e fa, qual ei già d'Arno,
   Chiare le nostre amorosette rive.

b.   Dalle *Rime de gli Academici Eterei* [1567]

ASCANIO PIGNATELLO DETTO L'OMBRATO

XIV

Ne l'apparir del giorno
    Le luci il sonno al mio terreno, e grave
    Chiuse, e da gli aspri affanni acquetò l'alma:
    Ma l'occhio interno aperse
    Miracol novo, e rimirai d'intorno   5
    Cose, che dubbia e pave
    Membrando il cor, che sì gravosa salma
    Di dolor non sofferse;
    Ove spesso l'aver l'animo volto
    Di paura e pietà mi tinge il volto.   10

I' dicea fra me stesso:
    "Chi da torbide voglie a sì tranquille
    Mi mena?". E rivolgendo altrove i sensi
    Vidi (chi 'l crede) un sasso
    Sì gentil foco aver nel gelo impresso,   15
    Ch'io da le sue faville
    Sentii far tutti i miei desiri accensi:
    Ma ria tempesta (ahi lasso)
    La sua fiamma vital subito estinse,
    Et a me 'l cor d'eterna doglia cinse.   20

Per mezo un prato ameno
   Correa cinto di fior l'amate rive
   Placidamente in vista altero fiume,
   E smeraldi e Zafiri
   Chiudea l'herboso fondo in verde seno: 25
   Quivi amorose Dive
   Serbar dolce cantando almo costume
   Vedeansi in lieti giri:
   Deh che gelo et ardor sì l'alse et arse
   Quand'io godea, che consumando ei sparse.   30

Sovra un limpido fonte
   Ergea poggiando al cielo i santi rami
   Pianta gentil, che fea ben mille spirti
   Sol de l'ombra contenti:
   Indi cingeansi a dotta immortal fronte,   35
   Ch'honore a pregio chiami,
   Fronde più degne assai, che lauri, o mirti:
   Ma dal furor de' venti
   Si rendé vinta a dura horribil guerra,
   E seco il mio sperar ne cadde a terra.   40

In solitario loco,
   Ove altri il piè giamai non mosse, o raro,
   Creò madre benigna alma Natura
   Sì ricco ampio tesoro,
   Ch'ogni ricchezza a lato a lei fia poco: 45
   E 'l ciel fatto era chiaro
   Da la più bella MARGARITA, e pura,
   Ch'ornasse mai fin oro:
   Ma mentre io nel mirarla era beato,
   Tornar lei vidi al suo terreno stato.   50

Dolce, e vaga Sirena
   Vidi lieta solcar l'onde fallaci:
   Al vivo lume, a l'oro ardente e schietto,
   Al suo celeste canto
   Preso, et arso restò d'alta catena,   55
   E d'amorose faci
   Qual è d'Amor più sciolto, e freddo petto:
   Ahi doloroso pianto,
   Del mar la spinse un fiero ondoso orgoglio,
   Ove franse, e coprilla un duro scoglio.   60

Indi leggiadra Donna,
   Qual forse mai non vide in terra il Sole,
   M'apparse e 'ntenta a la superna parte
   Havea l'altera voglia:
   L'alta bellezza avolta in mortal gonna   65
   [...]
   Quali adombrar potran mai lingue, o carte?
   Ma turbando empia doglia
   Il suo vigor, privò di luce il mondo,
   Di vita lei, me di piacer profondo.   70

Canzon, desto dal sonno,
   Qual chi per grave danno si risente,
   Cerco a piu stabil mondo erger la mente.

XV

I' vidi, Amor, fra duo begli occhi un raggio
   Sfavillar d'un leggiadro altero sguardo,
   Che desto avria qual è più lento, o tardo,
   E 'ntenerito un cor fiero, e selvaggio:
E mover dal sembiante accorto e saggio
   Vidi la fiamma, ond'io mi struggo, et ardo,
   E tender l'arco onde l'aurato dardo
   T'apra nel petto mio lungo viaggio:
E mentre l'aura, ch'a le rose invola
   De la mia Donna odor soave, l'onde
   Movea scherzando intorno a' bei crin d'oro,
Vidi la bocca aprir, ch'ampio tesoro
   Di perle, e di rubin chiuso nasconde,
   E pietosa formar dolce parola.

XVI

Sopra lo sdegno della sua Donna

Ahi qual mio fallo, al mio bel Sole offende
   L'ardenti luci, e 'l vago lume toglie
   A l'alma stanca? Ahi chi tant'ira accoglie?
   Chi tanto sdegno entro a' begli occhi accende?
Dal fiero sguardo, che 'n mio danno splende,
   Qual da la terra Anteo, forza ritoglie
   Amor, che già di me l'ultime spoglie
   Pregio non vil di sua vittoria attende.
E che poss'io se 'l riparar non vale;
   Ch'ei l'arme sue nel fianco ignudo interna,
   Di ch'io fo, lasso, a i colpi un frale schermo:
Né val fuggir, ch'ogn'hor gli impenna l'ale
   Nuovo desio de la mia morte, e fermo:
   Né 'l suo torto, o 'l mio dritto è chi discerna.

XVII

Prega l'Ill.mo Signor Scipione Gonzaga Ardito Ethereo,
che in vece di lui canti le bellezze della sua Donna

Tu, che spiegando i gloriosi vanni
    Trascorri il Ciel soave ARDITO Cigno,
    Né per lui temi il fianco aver sanguigno,
    Perch'armato si mostri a' tuoi gran danni.
Tu, ch'uso al tempo far illustri inganni
    Sprezzi i suoi colpi, e 'l divorar maligno,
    Puoi cantando il mio Sol render benigno,
    E serbar chiaro il suo bel nome a gli anni.
Che d'immensa beltà vero ritratto
    Formar potrai, né le sue gratie scarse
    Ti fian, come a me fur, quand'arsi, e piansi.
Et io tal soma a sostener mal atto
    Almen godrò che celebrate, e sparse
    L'alte sue glorie, e i miei dolor vedransi.

c.   Rime inserite nell'edizione vicentina delle *Rime* [1603]
     dopo il sonetto XL (qui XLI) dell'*editio princeps*

XVIII [XLII]

Hor che cinto di fiamme arde rabbioso
   Sirio latrando, e l'aria accesa bolle,
   Et empie intorno la campagna, e 'l colle
   Sol de' gravi suoi fiati Austro noioso,
Ricovra, o Clori, ove leggiadro herboso
   Antro ti serba il sen fiorito, e molle,
   Ove l'edra serpendo in giro estolle
   De' suoi verdi smeraldi il crine ombroso.
Odi concorde al mormorio de l'onde
   D'un chiaro rio, spirando ivi entro amica,
   L'aura sonora ventilar le fronde:
Mosso il sonno dal suon placido, infonde
   Quiete a' sensi, e fra quell'ombra antica
   I suoi taciti furti Amor nasconde.

XIX [XLIII]

Qui dove incontro al caldo dì, vivace
   Elce l'antiche chiome erge possente,
   Hor ch'arde, Ninfa, il ciel, ma più cocente
   Da' raggi tuoi, che dal suo Sol mi sface,
O più lieve ch'il vento, e più fugace
   E via più cara a l'alma accesa, ardente,
   Deh vieni, e spira in lei, ch'egra e dolente,
   Quasi anelando sospirosa giace.
Forse temi talor, ch'a quest'arsura,
   Le fiamm'accresca in te l'incendio mio?
   Ahi che troppo il tuo giel ti fa sicura.
Qui grato harai ben refrigerio, et io
   Porgerò lieto a te soave, e pura,
   Ne' sospir l'aura, e nel mio pianto il rio.

XX [XLIV]

"Queste, de l'Alba parto, herbette e fiori,
    Che de' propri color leggiadra impresse,
    E di sue stelle inargentate, e spesse
    Nutrendo sparse di celesti odori",
Vezzosa disse la mia bella Clori,
    "Sembrino a te le mie bellezze istesse,
    E di queste, corona Amor ti tesse,
    Che più che lauro, o mirto, il crin ti honori".
Gustaile a pena, e di pensieri, e voglie
    Tosto cangiato, io caddi allor dolente
    Novello Glauco in ampio mar di doglie.
Ma fra quest'onda mia larga, e corrente,
    Forse ancor scarco di terrene spoglie
    Vedrammi eterno, lor mercé, la gente.

XXI [XLV]

Ondeggian, Clori, le tue chiome bionde,
    Di lasciv'aura a' tepidi sospiri,
    Ch'entro scherzando a gli amorosi giri,
    Del crespo crin natio, giunge nuov'onde.
Ella spirando in lui l'ordin confonde,
    Che con la bella man distendi, e tiri,
    Perché in quei vaghi errori, altri rimiri
    Quante bellezze ancor non colte asconde.
Tu quindi ricco intessi al carcer mio
    Più caro nodo, e di più bel lavoro,
    Di quel, ch'a l'alma la mia Parca ordio.
Amor da questo suo maggior tesoro
    Tragge hor le fila, e ben nobil son io
    Prigion, ch'avvinto le catene ho d'oro.

d.   Scambio di Sonetti, a nome del padre,
              con Ferrante Carafa [1573]

XXII

Ferrante Carafa a Scipione Pignatelli Marchese di Lauro

Lauro, che i verdi Lauri intorno havete,
    Per godervi di lor, per farne poi
    Corone a i degni vostri figli, e a voi,
    E farvi eterni a mal grado di Lete.
Perché tra voi, con Febo ogn'hor tenete
    Marte, et hor co i famosi guerrier suoi
    Trattando, hor con le Muse, hor qui tra noi,
    V'estinguete d'honor l'ardente sete;
Però pregate l'un, che con il canto
    Dolce unisca i Re fidi; e che la spada
    L'altro gli preste, e 'l gran valor possente.
Acciò che vinto, e preso, a terra cada
    Il Tiranno crudel de l'Oriente,
    Che contra Italia hor s'arma, e 'l Pastor santo.

XXIII

Del Signor Ascanio Pignatello, in risposta di quello,
che [Carafa] *scrive al Sig. Marchese di Lauro suo padre*

Spirto gentil, ch'oltra le usate mete,
    Porta de l'human corso i pregi suoi,
    E nuovo Orfeo, con stil soave, puoi
    Far le fiere selvaggie humili, e quete.
Ché non sperar cantando haver quiete
    Ai nostri danni, alle miserie vuoi,
    E pietà por fra generosi Heroi,
    Che i proprii sdegni, e l'altrui rabbia acquete?
Tu, qual cinse di mura in ogni canto
    Anfion Tebe, puoi chiuder la strada
    D'alto riparo a fiera ingorda gente.
O destar (se 'l suo error tanto l'aggrada,
    Che cieca Italia al suo morir consente)
    Mercé ne 'l ciel, se ne la terra è pianto.

e.   Proposta di Don Benedetto Dell'Uva
al n. CXXVI [1584]

XXIV

Se ben guancie di rose, o d'oro sparse
   Crespe chiome, da voi poco pregiate
   Mai sempre fur, come caduche, e nate
   Con l'occaso d'un sol cenere a farse;
Queste, a cui celebrar voci hebb'io scarse
   ASCANIO, a riverir gran senno fate;
   Qual nobil tempio di maggior beltate,
   Che per volger del ciel non può cangiarse.
Qual dovete pensar, che formò Dio
   L'anima saggia, a cui sì bella vesta
   Per consiglio di lui natura ordio?
Quinci sotto un bel vel si manifesta
   Ciò che 'n lei con dolce arte, e studio pio,
   D'un silentio gentil nascoso resta.

f. Scambio di sonetti

tra Ascanio Pignatelli e Torquato Tasso [1588-1594?]

XXV

Proposta del sig. Ascanio Pignatello al sig. Torquato Tasso

Sprezzi l'ira del Fato ardita, e franca,
    Quella di te divina altera parte,
    Ché questa, che qui langue in fragil parte,
    Ne l'eterna gioisce, e si rinfranca.
O caro a Febo, ben ch'ei, s'a te manca
    De l'una, onde risana ignobil parte,
    L'altra, che l'alma adorna, hor sì comparte,
    Che spirto accresce in debil carne, e stanca.
Tu ritogliendo a morte il tuo mortale,
    Col chiaro canto, a destin crudo, e reo
    Furi la spoglia ancor lacera, e frale.
E de l'Inferno di qua giù fatale,
    Questa Euridice tu novello Orfeo
    Richiami, a nova vita, et immortale.

XXVI

Risposta del signor Torquato Tasso

Hor ch'a me freddo, et aspro il verno imbianca
    Il raro crin, de le sue nevi sparte,
    E le forze, e l'ardir scema in gran parte,
    Tal mi percote horrido turbo, e stanca.
Veggio Saturno in Ciel rotar da manca
    Sdegnoso, e grave, e Giove irato e Marte,
    Né Febo m'assicura, hor ch'ei si parte,
    Ma Virtù prisca, e Fé canuta, e bianca.
E se di questi abissi uscir mi cale,
    L'humil Consorte mia, che 'l Ciel perdeo,
    Rimiro a tergo, e 'l lamentar non vale.
Ascanio, Tu nel canto a Febo eguale,
    Ne l'armi a Quel che trasse indi Teseo,
    Placa il mio Pluto, e 'l mio dolor mortale.

g. Scambio di sonetti

tra Giovan Battista Marino e Ascanio Pignatelli [1586-1596 ?]

XXVII
Giovan Battista Marino

Poi che la fiamma, Ascanio, onde v'accese
    Amor, sì chiara in vostro stil risplende;
    Che già men quella luminosa rende,
    Per cui il gran Tosco a vera gloria ascese;
Sia più sempre a voi cruda, e men cortese
    Chi del vostro languir diletto prende:
    Qual saggia man, che dolce cetra offende,
    Perché sien lungi le sue note intese.
Sia pur che mova un sì soave canto,
    Soave il duolo; e sorga in queste rive
    Novo Hippocrene da sì nobil pianto.
Indi dirà chi, voi lodando, scrive
    Ben nato Augello, e fortunato tanto,
    Che mentre ardendo muore, eterno vive.

XXVIII
Ascanio Pignatelli

Vive nova Fenice entro a l'accese
    Fiamme, in cui non ardendo il cor m'incende,
    E dal cenere mio volando ascende,
    E da' miei danni le sue glorie ha stese.
Donna, che s'al desio cruda contese,
    E dovuta al mio mal pietà non rende,
    Fia che gli affanni eterna lode emende,
    E dolcezza e conforto ha ne l'offese.
Questa, Marino, ne' miei versi io canto
    Felice ben ch'ove il mio fin prescrive,
    Di nobil vita tien la morte il vanto,
Vedransi allor le membra ignude e prive
    Fra l'onde del mio duol cantato e pianto
    Serbar le fiamme ancor perpetue e vive.

h.   Scambio di sonetti
tra Celio Magno e Ascanio Pignatelli [1596]

XXIX

Dell'Ill.mo Sig. Ascanio Pignatello

Celio, Amor può ben tanto: Amor, che giunge
    Da terra al cielo, a te celeste, e chiaro,
    Che poggi, e splendi hor de le stelle a paro,
    Me terreno, et oscuro ecco congiunge.
Di glorie al lume, a quel gran suon, che lunge
    Luce, e rimbomba in te famoso, e raro;
    Me da me tolto fuor pregiato, e caro
    Desio rapisce, e mi solleva, e punge.
Non sdegnar tu di peregrin gentile
    Divoto ardire, a te forse d'affetto;
    Se non d'opre, e di pregio; almen simile.
Che, qual degno ristoro al suo difetto,
    Bramoso cerca in sì bell'alma humile
    Fra le tue nobil cure aver ricetto.

XXX

Risposta del Magno

Desto Amor dal mio Amor è 'l tuo, c'hor giunge
 Novo Sole ad aprirmi il dì più chiaro:
 E mentre ei m'alza de' più degni a paro,
 Divini accenti a cortesia congiunge.
Primo, e tacito amai, scorto sì lunge
 Il mio dal pregio tuo sublime, e raro.
 Hor che tu mi precorri in stil sì caro,
 Vergogna me del mio silentio punge.
Ma troppo oltra il mio merto, alma gentile,
 M'orna il thesor del tuo benigno affetto
 Col farmi a te, che par non hai, simile.
E, s'empie tanta gratia il mio diffetto,
 Ragion è ben, ch'in questo core humile
 Tu, qual nume in suo tempio, abbi ricetto.

XXXI

Del Magno al medesimo

Fetonte io sembro, o di valor tra noi
 Gradito Sol: poi che raccolto splendo
 Nel lume di tua gloria; e 'l carro ascendo
 Sol di te degno, e di famosi Heroi.
Ma quei morte ebbe in premio a' desir suoi;
 Io; tua mercede; eterna vita attendo.
 Quegli audace usò 'l dono; humile io 'l rendo,
 Stella accesa restando a i raggi tuoi.
Tal ch'ove il tuo splendor meco non giostri,
 Sfavillar posso anch'io di qualche luce:
 Ma di me nulla appar quando ti mostri.
Se dunque è pregio in me, per te riluce:
 Et, s'han lume sovrano i giorni nostri,
 Il chiaro Sol di tua virtù l'adduce.

XXXII

[Celio Magno] *All'Ill.mo Sig. Ascanio Pignatello*

Ecco l'effigie d'un, che sovra quante
    Alme fur mai di tua virtute accese,
    T'honora, e pregia: et dal tu' amor cortese
    Gradito anch'ei sen' va felice amante.
Che se 'l camino a le bramose piante
    D'inchinarti presente il ciel contese,
    Ben deggio quel ch'è tuo farti palese
    Con questo almen di me pinto sembiante.
Quinci averrà che 'l tuo pensier più spesso
    Desto dal guardo a mio favor si giri,
    E teco io viva ognior lungi, e dapresso.
Pasci ancor tu benigno i miei desiri
    De la tua imago: onde a quest'occhi espresso,
    Come al cor, t'abbia, e 'l ver nel finto ammiri.

XXXIII

Risposta del Sig. Pignatello

Di più chiari color dipinto avante
    Che vider gli occhi, te la mente intese,
    E pria che finto, l'intelletto apprese
    Vivo fra carte sì pregiate, e tante,
Pittor famoso, che l'eterne, e sante
    D'Amor spiegasti gloriose imprese.
    Hor questa espressa effigie a me ti rese
    Al concetto de l'alma ancor sembiante.
Par, che da man vivace il volto impresso
    Leggiadra, e grave maestà respiri,
    De l'interno splendor lucido anch'esso.
Par, ch'iv'entro cortese Amor s'aggiri:
    E de gli affetti, e de gli effetti hor messo,
    Quasi con doppia forza, a sé mi tiri.

i.   Dall'*Apparato funerale nell'essequie celebrate in morte dell'Illustriss. & Eccellentiss. Sig. Conte di Lemos Vicere* [1601]

XXXIV

Di Ascanio Pignatello Duca di Bisaccia
mentre il Sig. Conte di Lemos era in Roma [1600]

Oprar forte col braccio, e col consiglio,
    Atterar gli empi, e sollevare i giusti,
    E non men farsi a' tuoi gran Padri Augusti
    Di lor virtù, che di natura figlio.
Tu che saggio n'affidi hor dal periglio,
    Che minaccian di fame i tempi ingiusti,
    Et i riposi, e i primi honor vetusti
    Da l'oblio ne rivochi, et da l'essiglio.
Signor, ne l'alme pria più saldo impero
    Fondasti, e grave, et amoroso insieme
    T'usurpasti de' cor dominio intero.
Hor quasi frutto in noi nasce dal seme
    Sparso da man cortese entro al pensiero,
    Riverenza ch'ammira, amor che teme.

NOTE

NOTA BIOGRAFICA

Ascanio Pignatelli, figlio di secondo letto di Scipione, Marchese di Lauro (quindi cadetto, non primogenito come sostennero invece alcuni suoi biografi) e di Isabella Caracciolo, nacque a Napoli, si dice intorno al 1533 (ma potrebbe anche essere un errore, ad esempio per 1543, che lo farebbe coetaneo del Tasso e degli altri compagni di studi). Frammentarie e non del tutto sicure sono le notizie circa la sua vita, che allo stato attuale degli studi comportano vari punti oscuri.

Intrapresa, come quasi tutti i membri della grande feudalità meridionale, la carriera delle armi, servì la Corona di Spagna, ereditando dal padre nel 1571 il comando di una compagnia di cavalleria pesante. Combatté in varie campagne, tra le quali quelle marittime contro i Turchi (nel 1572, un anno dopo Lepanto, si distinse nella Battaglia di Navarino, al seguito di Don Giovanni d'Austria) e quelle di Fiandra (1577-1586) al comando di Alessandro Farnese (forse tra il 1580 e il 1584, dato che nel 1579 e nel 1585 è attestata la sua presenza a Napoli). I successi d'armi gli guadagnarono da Filippo III di Spagna il collare dell'Ordine Militare di San Giacomo della Spada (1584) e, si dice, il Ducato di Bisaccia.

Ma era stato anche, Pignatelli, studente a Padova, a partire dal 1560 e fino a conseguire la laurea *in utroque iure*, nel 1566. Che un personaggio del suo ceto si dedicasse a un periodo di studi universitari non è di per sé sorprendente, ma lo è la laurea, visto che mai un 'cavaliero napoletano', per quanto cadetto, avrebbe pensato di esercitare l'avvocatura. Gli studi si potrebbero spiegare ipotizzando che in un primo tempo Ascanio fosse indirizzato verso la carriera ecclesiastica, unica professione decorosa per il cadetto di un duca, al di fuori di quella delle armi; grazie ad una formazione giuridica infatti avrebbe potuto entrare direttamente negli alti gradi del clero, e aspirare alle massime dignità (come dimostra il *curriculum* di tanti cardinali e pontefici post-tridentini, incluso l'amico padovano Scipione Gonzaga).

A Padova fece il suo esordio poetico, con un sonetto per la morte di Irene di Spilimbergo (1561), conobbe il giovane Torquato Tasso e Battista Guarini, e fu iscritto con loro all'Accademia degli Eterei. Alle attività dell'Accademia (più che un sodalizio formalmente organizzato, parrebbe, un gruppo informale di giovani speranze delle belle lettere e aristocratici dilettanti) sono collegate le prime prove poetiche di una certa consistenza che ci siano pervenute, i componimenti inclusi nell'unica pubblicazione che attesti le attività del gruppo, le *Rime de gli Academici Eterei* del 1567.

Forse si spiega proprio con un mutamento di indirizzo in età già matura, e con il sempre vivo conflitto in lui tra lettere e armi, il fatto che solo negli anni '70 del secolo si diede alle milizie, e che pur raccogliendo plausi e riconoscimenti al valore la sua carriera militare non lo portò a gradi eccelsi, ma si svolse in un andirivieni tra Napoli, dove lo attiravano gli interessi familiari, patrimoniali e culturali, i luoghi dei grandi conflitti del tempo, e le guarnigioni della provincia del Regno. Fu sicuramente a Napoli, nel 1576, che sposò Lucrezia di Capua, dalla quale, stando alle ricerche anagrafiche di Luigi Ammirati, avrebbe avuto dieci figli. Lo si dice nuovamente a Napoli nel 1579, presente al torneo in cui perse la vita il fratello minore Muzio (si veda la nota alla Canzone quarta, ma essendo la notizia tratta da fonti secentesche, potrebbe essere un'illazione desunta da questo testo, che però nulla dice espressamente in proposito). Sempre a Napoli, contribuì nel 1585 al florilegio di *Rime et versi in lode della S.ra Giovanna Castriota*, mentre circa un anno dopo, stando al biografo del Marino, Francesco Ferrari (*Vita del Cavalier Marino*, Venezia, Scaglia, 1632), fondò l'Accademia degli Svegliati assieme a Giulio Cortese (o comunque fu tra i primi suoi animatori), e ancora due anni più tardi, secondo la biografia mariniana di Angelo Borzelli, ospitò il giovane poeta nella sua dimora napoletana in seguito alla rottura di lui con il padre.

Quasi tutti i testi delle *Rime* a cui è possibile dare una data precisa, peraltro, risalgono a questo periodo, durante il quale gli interessi letterari presero il definitivo sopravvento su quelli militari. Datano infatti ad anni posteriori al 1579 quasi tutte le corrispondenze poetiche, numerosi sonetti a lui indirizzati da altri letterati, e (sembrerebbe) la ripresa dell'amicizia con l'antico compagno di studi, Torquato Tasso, a Napoli nel 1588 e di nuovo nel 1592 e nel 1594 (l'unico scambio di sonetti tra i due, riportato qui in appendice, potrebbe essere ascrivibile all'ultima visita, dal momento che non venne incluso nelle *Rime*). Ciò non gli impedì però di continuare a svolgere altri (seppur più modesti) incarichi militari. Nel 1585 il viceré di Napoli affidò a lui, come ad altri 'cavallieri' napoletani, l'allestimento di due galere da armare nuovamente contro i Turchi e i pirati di Barbaria (non si sa però se il Pignatelli partecipò di persona alle imprese). E nel 1588 presidiava le fortificazioni di Nola, al comando di una compagnia di fanti.

Nel 1592 acquistò il feudo di Bisaccia (l'altro grosso possidente della zona era Giovan Battista Manso), su cui ebbe poi l'investitura ducale, forse per i servigi forniti alla Corona di Spagna, dicono i biografi, ma, dati i tempi, potrebbe benissimo essersi trattato di semplice acquisto. Cadetto assurto a capostipite di una dinastia ducale che continuò fino al 1809 (quando il titolo passò a un ramo dei La Rochefoucauld con essa imparentati), non si sa donde provenisse il suo patrimonio. Ma che almeno nell'ultimo quarto della sua vita fosse uomo di censo, oltre che titolato, sembrerebbero attestarlo non solo l'acquisto del feudo di Bisaccia e l'impegno di allestire galere, ma il fatto che poco dopo la sua morte la figlia Isabella andasse in moglie a Giulio Caracciolo, Duca di Cosenza (si presume con una congrua dote) e la notizia che più tardi l'erede di lui Duca Francesco fosse creditore della cospicua somma di 2678 ducati, per cui vennero ipotecati alcuni beni feudali di Giovanna Cosso, duchessa di S. Agata.

Morì il 23 marzo del 1601.

Si vedano Nicolò Toppi, *Biblioteca napoletana,* Napoli, Bulifon, 1678, pp. 34, 343; Lionardo Nicodemo, *Addizioni copiose alla Biblioteca Napoletana,* Napoli, Bulifon, 1683, p. 28; Giovanni Cinelli Calvoli, *Biblioteca volante,* Venezia, Albrizzi, 1734-1747, vol. IV, p. 70; Bartolomeo Chioccarello, *De illustribus scriptoribus qui in civitate et regno Neapolis floruerunt,* Napoli, Ursino, 1780, p. 75; Camillo Minieri Ricci, *Notizie biografiche e bibliografiche degli scrittori napoletani,* Milano, Hoepli, 1876, p. 272; Angelo Borzelli, *Giovan Battista Marino,* Napoli, Priore, 1898; Luigi Ammirati, *Ascanio Pignatelli poeta del secolo XVI. Notizie bio-bibliografiche,* Marigliano, 1966.

NOTA BIBLIOGRAFICA

Tre sono le edizioni delle *Rime* del Pignatelli:

1. RIME / DEL SIG. ASCANIO / PIGNATELLO / Cavaliero Napoletano / DA-
    TE NUOVAMENTE ALLE STAMPE / Da Gio. Battista Crispo da Gallipoli
    / ET DEDICATE AL SIGNOR PRENCIPE DI S. SEVERO / [stemma dei
    principi Di Sangro di San Severo] / IN NAPOLI, nella Stamperia dello
    Stigliola, / Per Gio. Tomaso Todino. M.D.XCIII. (Colophon: *Imprimatur.*
    /Ardicinus Biandrà Vic. Gen. Neap. / M. Philocalus Pharal. Carm. vidit.
    Idem f. 202. / *IN NAPOLI, a Porta Regale, nella Stamparia dello Stigliola.*
    / Per Gio. Tomaso Todino. M.D. LXXXXIII.).

    in 4. [4]+94+[2] pp.

    Contiene: lettera dedicatoria di Francesco Crispo da Gallipoli, datata 10 marzo
    1593; lettera ai lettori, del medesimo; sonetti in lode dell'autore di Giulio Carafa
    e Pier Antonio Caracciolo; rime di Ascanio Pignatelli; corrispondenze poetiche
    indirizzate all'autore; tavola delle composizioni; errori occorsi nel stampare.

2. RIME / DEL SIG. ASCANIO / PIGNATELLO / Cavaliero Napoletano. /
    DEDICATE AL M. ILLUSTRE SIG. / IL SIGNOR / CONTE SFORZA / BIS-
    SARO, / Prencipe dell'Accademia Olimpica. / In VICENZA, PER GIORGIO
    GRECO / Con licenza de' Superiori MDCIII.

    in 12. [10]+89+[7] pp.

    Esemplata sulla precedente, ma con una nuova dedica, di Cesare Campana,
    a Sforza Bissaro, datata 1 maggio 1603, e con l'aggiunta di quattro sonetti,
    inseriti dopo il sonetto XL della *editio princeps,* per cui ai sonetti XLI-CXXV
    di quella corrispondono i XLV-CXXIX della riedizione. La riedizione, oltre alla
    nuova lettera dedicatoria reca un diverso avviso al lettore: il consueto avverti-
    mento a non prendere alla lettera alcune espressioni del linguaggio poetico
    non conformi all'ortodossia cattolica. Ma quasi non bastasse, vi sono anche
    nel testo, a più riprese, piccoli interventi censori miranti a espungere tali ter-
    mini, e in particolare 'Fato', 'Destino'. Curioso rilevare, in materia, la traspa-

renza della censura: o la parola mutata è inserita in caratteri romani (mentre il testo in questa edizione è in piccoli, assai logori tipi corsivi), oppure è sostituita da tre puntini, e in questo secondo caso si tratta spesso di parole in rima, facilmente indovinabili. Una sola la variante degna di essere accolta. Per il resto, se si escludono i numerosi errori di stampa, le differenze si riducono a un massiccio intervento sul sistema di punteggiatura, tendente a sottolineare la struttura sintattica del dettato, a spese di quella metrica, intervento che generalmente non muta in meglio l'*editio princeps,* e non di rado ne fraintende addirittura il senso.

3. RIME / DEL SIGNOR / ASCANIO PIGNATELLO / DUCA DI BISACCIA. / *Di nuovo date in luce* / DA ANTONIO BULIFON / E da lui dedicate / *all'Illustriss. Ed Eccellentiss. Signore* / D. DOMENICO / GIUDICE / DUCA DI GIOVENAZZO, &c. [marca tipografica] IN NAPOLI, / PRESSO ANTONIO BULIFON. MDCLXXXXII. / *Con licenza de' superiori.*

in 4. [14]+86+[10] pp.

Anche questa terza edizione è esemplata sulla prima, di cui corregge nel testo gli *errata*. Per il resto, non reca varianti significative, al di fuori di una nuova epistola dedicatoria, e di una *Al cortese leggitore* firmate ambedue dal Bulifon.

Due dei componimenti poi inclusi nelle *Rime* erano già stati precedentemente pubblicati nella collezione in onore della nobildonna napoletana Giovanna Castriota:

4. RIME ET VERSI / IN LODE / DELLA ILL.[MA] ET ECC.[MA] S.[RA] D.[NA] / GIOVANNA CASTRIOTA CARR. / *DUCHESSA DI NOCERA,* / *ET* / *MARCHESA DI CIVITA S. ANGELO* / *Scritti in lingua Toscana, Latina, et Spagnuola* / *Da diversi huomini illust. in varij, & diversi tempi,* / Et raccolti da Don Scipione de Monti. / CON LICENZA DE SUPERIORI / *IN VICO EQUENSE* / Appresso Gioseppe Cacchi, M.D.LXXXV.

Contiene: lettera dedicatoria di Scipione De Monti a Ferrante Carrafa Duca di Nocera; cenno biografico sul De Monti di Paolo Regio; lettera ai lettori di S. De Monti datata 20 gennaio 1585; rime italiane di Scipione Ammirato, Giovan Mario Bernaudo, Ferrante Carafa, Antonio Castaldo, Ludovico Castelvetro, Costantino Ceuli, Giulio Cortese, Giovan Battista Crispo, Giovan Battista Costanzo, Benedetto Dell'Uva, Alessandro De Monti, Adriano De Rossi, Angelo Di Costanzo, Fabrizio Marotta, Paolo Pacello, Camillo Pellegrino, Alessandro Pera, Sertorio Pepi, Alessandro Piccolomini, Ascanio Pignatelli, Giovan Battista Pisanelli, Napoleone Prato, Artale Rascaglia, Paolo Regio, Berardino Rota, Giulio

Scaleone, Luigi Tansillo, Scipione Teodoro, Galeazzo di Tarsia, Giovan Battista Vitale; *carmina* latini di diversi; rime spagnole di diversi; appunti biografici su alcuni degli autori.

Un sonetto, il primo del Pignatelli mai pubblicato (escluso dalle *Rime* e riportato qui nell'Appendice II), era apparso in un'opera antologica stampata a Padova poco dopo la sua iscrizione all'Università. Ne do i particolari in quanto, come già osservò Benedetto Croce, si tratta quasi di un ritratto di gruppo di quanto di meglio offriva la poesia lirica di metà Cinquecento, per cui notevole è l'inclusione di Ascanio 'tra cotanto senno':

5. RIME DI DIVERSI / NOBILISSIMI, ET ECCEL- / LENTISSIMI AUTORI, / In morte della Signora IRENE / delle Signore di Spilimbergo. / *Alle quali si sono aggiunti versi Latini / di diversi egregij Poeti, in morte / della medesima* / [marca tipografica: una fenice che rinasce, alla luce del sole, recante il motto *renovata iuventus*] In Venetia, appresso Domenico, & Gio. Battista Guerra, fratelli, 1561.

in 8. 22+180+[4]; 58+[4] pp.

Contiene: dedica a Claudia Rangona di Correggio, firmata da Dionigi Atanagi, 1 agosto 1561; Vita della signora Irene [s.a.]; rime italiane di: Abate Giovio, Agostino Muzio, Alessandro Magno, Alessandro Paterno, Angelo di Costanzo, Antonio Gerardi, Antonio Tritonio, Anton Francesco Corso, Ascanio Pignatelli, Aurelio Solico, Benedetto Varchi, Bernardo Cappello; Bernardo Tasso, Berardino Rota, Bernardo Navagero, Bianca Aurora da Este, Cassandra Giovio, Celio Magno, Cesare Malvasia, Cesare Pavesi, Cesare Recetti, Curzio Gonzaga, Daniele Priuli, Diamante Dolfi, Dionigi Atanagi, Dionora Sanseverino, Domenico Alamanni, Domenico Venier, Duchessa d'Amalfi, Erasmo Valvasone, Federico Frangipane, Ferrante Carafa, Filippo Binaschi, Francesco Ambrosio, Francesco Degli Oratori, Francesco Patrizi, Gasparo Marso, Giacomo Barbaro, Giacomo Mocenigo, Giacomo Tiepolo, Giovan Daniele Caprileo, Giacomo Zane, Giorgio Merlo, Giuseppe Betussi, Giovan Andrea Ugone, Giovan Battista Amalteo, Giovan Battista Maganza, Giovan Battista Pigna, Giovan Battista Rorario, Giovan Battista Valerio, Giovan Carlo Stella, Giovanni Emiliano, Giovan Francesco Alois, Giovan Francesco Peranda, Giovan Francesco Pisano, Giovan Mario Verdizzotti, Giovan Paolo Amanio, Girolamo Diedo, Girolamo Fagiuolo, Girolamo Fenaruolo, Girolamo Magnocavallo, Girolamo Muzio, Girolamo Zoppio, Giulio Castellani, Giuseppe Orologgi, Gradenico da Padova, Ippolita Gonzaga, Laura Battiferri degli Amannati, Laura Terracina, Lodovico Dolce, Lodovico Domenichi, Lodovico Novello, Lodovico Paterno, Luca Contile, Lucia Albano Avogadro, Lucia Bertana, Luigi Belegno, Luigi Raimondi, Luigi Tansillo, Marcantonio Sulfrinio, Marco Morosini, Marco Venier, Niccolò Chiocco de Calvi, Ognibene Ferraro, Olimpia Malipero, Orazio Toscanella, Orsatto Giustiniano, Ottaviano Maggi, Paolo del Rosso, Pietro Arrigonio, Pietro Gradinico, Pietro Nelli, Pietro Percoto, Pompeo Pace, Publio Francesco Spinola, Rainuzio Gambara, Remigio Fiorentino, Scipione Ammirato, Scipione Catapano, Sebastiano Erizzo, Sebastiano Magno, Luigi Belugno, Stefano Monte, Tomaso Mocenigo, Tomaso Porcacchi, Torquato Tasso, Valerio Bongioco, Vincenzo Giusto,Vincenzo da Marostica, Virginia Martini, Vitale Papazzoni, Zacaria Pensabene, Paolo Paruta, Annibale Buonagenti, Giacomo Lantieri, anonimi; errata; Tavole degli autori e dei capoversi.

Altri quattro componimenti (esclusi anch'essi dalle *Rime* e riportati qui nell'Appendice II) erano poi apparsi sei anni dopo, nel 1567, in:

6. RIME DE GLI ACADEMICI ETEREI / DEDICATE ALLA SERENISSIMA / MADAMA MARGHERITA DI / VALLOIS DUCHESSA DI SAVOIA. (Frontespizio inciso, s.d., s.t., s.l., con le figure di Minerva e Mercurio: tra di esse l'Impresa e il motto dell'Accademia).

in 4. [4]+74+[10] ff.

Contiene: lettera dedicatoria dell'Occulto Principe [Luigi Gradenigo] e del Costante Segretario [Battista Guarini], datata 1 Gennaio 1567; sonetto alla dedicataria, firmato "gli Academici Eterei"; testi di Annibale Bonagente, il Digiuno (24 sonetti); Ascanio Pignatello, l'Adombrato (una canzone e 3 sonetti); Battista Guarino, il Costante (36 sonetti e un componimento in ottave); Gioacchino Scaino, il Lagrimoso (una canzone); Giovan Francesco Pusterla, l'Affrenato (17 sonetti); Luigi Gradenigo, l'Occulto (2 sonetti); Pietro Gabrielli, l'Impedito (6 sonetti e una canzone); Ridolfo Arlotti, il Sicuro (19 sonetti e una canzone); Scipione Gonzaga, l'Ardito (15 sonetti); Stefano Santini, l'Invaghito (12 sonetti, 2 canzoni, un componimento in ottave); Torquato Tasso, il Pentito (38 sonetti, 2 madrigali, 2 canzoni); errata; argomenti di alcuni dei componimenti; indice dei capoversi.

A stampa figura ancora un piccolo gruppo di rime sparse, stampate in altre opere di autori napoletani, e prestigiose corrispondenze poetiche con alcuni dei maggiori autori dell'ultimo Cinquecento e del primo Seicento, Celio Magno, Torquato Tasso e Giovan Battista Marino: questi componimenti sono riprodotti nell'Appendice II e per i particolari bibliografici ad essi relativi si vedano le note corrispondenti. Altri testi cui accenna l'Ammirati non sono riuscito a rintracciare, mentre invece il Pignatelli non figura nelle altre sillogi poetiche a cui contribuirono i letterati napoletani dell'epoca, come per esempio le *Rime di diversi signori napoletani* (Venezia, Gabriel Giolito de' Ferrari, 1556); *Il Tempio della divina Signora Giovanna d'Aragona* (Venezia, Rocca, 1565); *Il tempio della divina Signora Donna Geronima Colonna d'Aragona* (Padova, Pasquati, 1568); la *Raccolta di Rime di poeti napoletani* (Napoli, Parrino, 1602). Viste le date di queste pubblicazioni, tale assenza tenderebbe ad avallare l'ipotesi che l'attività poetica del Pignatelli sia da restringersi principalmente intorno agli anni '80 del Cinquecento.

Quanto agli interventi della critica letteraria, la rassegna bibliografica è presto fatta: oltre ai repertori bio-bibliografici citati sopra, vi sono solo le menzioni di alcuni cultori di storia napoletana (riferite dall'ultimo biografo, Luigi Ammirati, citato sopra), le brevi, enfatiche e non del tutto disinteressate lodi del Crescimbeni, quelle più misurate del Quadrio e di Benedetto Croce, e gli appunti di Amedeo Quondam, riassunti tutti nell'Introduzione alla presente edizione. Aggiungasi quel poco che ne dice Borzelli nella sua vita del Marino e in altri suoi scritti (citati sopra, o nelle note ai singoli componimenti), e la parte critica (modestissima) della monografia di Luigi Ammirati. È possibile che qualcosa di più ci sia in quel *mare magnum* della storiografia che sono i vari "archivi", "bullettini" e "rendiconti" della gloriosa, benemerita cultura provinciale *d'antan*. Ma in questi pelaghi non mi sono avventurato, né in quelli di eventuali ulteriori manoscritti negli archivi e nelle biblioteche napoletane (e comunque nulla di più hanno rivelato i controlli per me eseguiti nei fondi della Biblioteca Nazionale e dell'Archivio di Stato di Napoli).

CRITERI DI TRASCRIZIONE

Il testo dell'*editio princeps* risulta, nel complesso, estremamente corretto: pochissimi i refusi o altri errori di stampa, per lo più segnalati in una breve lista di "errori occorsi nello stampare" (ivi compresa la nota che il sonetto CXXII doveva in realtà chiudere il canzoniere). Molto curate anche l'ortografia, che comporta poco più di qualche oscillazione nell'uso o meno degli accenti, e risente dell'atteggiamento linguistico conservatore tipico dell'ambiente napoletano dell'epoca (teorizzato dagli amici del poeta, Giulio Cortese e Pietro Antonio Corsuto), e la punteggiatura, che seppure necessiti di qualche revisione per sottolineare il dettato logico-sintattico, è generalmente coerente a precisi principi espressivi (si notino in particolare l'uso del punto quasi esclusivamente alla fine dei sonetti, mentre i periodi all'interno di essi sono segnati dal punto e virgola, o anche, qualora si voglia mantenere la fluidità del discorso, dalla sola virgola; l'uso dei due punti esclusivamente per introdurre forme esclamative o conseguenze logiche; il valore 'forte' della virgola a fine verso, spesso omessa invece dove nell'uso moderno si impiegherebbe per denotare una pausa sintattica breve o un inciso).

Solo una variante della successiva edizione vicentina, al contrario, comporta la correzione di un errore non riconosciuto nella *princeps*. Per il resto, quando non si tratti di interventi censori, le divergenze di questa dalla *princeps* consistono esclusivamente in ammodernamenti ortografici, e in una revisione della punteggiatura tendente a sottolineare la struttura logica del periodo (ma eseguita in maniera abbastanza sommaria, e non di rado fraintendendo l'originale), alle spese di quella metrica del verso.

Nelle circostanze, si è preferito quindi procedere con estrema cautela nell'adattare il testo all'uso odierno. Da qui il principio base: differire dall'*editio princeps* solo dove c'è chiara ragione per farlo. Questo non per il suo fascino antiquario, ma nella convinzione, in primo luogo, che una prassi così coerente (sia essa dovuta all'autore o all'editore) vada rispettata, e poi che gli eventuali valori di lettura ad essa associati (per esempio: il ruolo enfatico delle virgole che immancabilmente precedono *e/et* congiunzione; quello dell'*h* e della *t* etimologiche nello scandire almeno visualmente il verso) siano meglio protetti mantenendola in tutta la sua consistenza che non cercando di orecchiare dove e quando si possa eliminare senza danno. Tale criterio mi sembra particolarmente indicato, nel caso della punteggiatura, per via della notevole ambiguità sintattica di molti costrutti, e dello stilema fondamentale pignatelliano, quel procedere per raddoppio lessicale dove i due termini descrittivi sono solo apparentemente pleonastici (per cui la virgola servirà a separarli, mettendo il lettore in guardia, per così dire, circa il vero loro significato).

Mi sono quindi limitato, per quanto riguarda l'ortografia, a:

i. mutare la *u* consonante in *v*.

ii. sciogliere la *&* in *et* (sola forma documentata nelle composizioni del Pignatelli, mentre si trova *ed* in un sonetto a lui indirizzato, pubblicato *in limine* alle *Rime*).

iii. mutare l'*ij* desinenza plurale in *ii*, onde insistere sulla durata, ma togliendo quel vago sapore (per un lettore moderno) di affettazione otto/primo-novecentesca.

iv. assimilare l'uso degli accenti a quello moderno (salvo qualche raro caso dove per ragioni di lettura metrica ho preferito non accentare *che*, seppure usato in senso causale).

Al contrario mi sono comportato nei seguenti casi:

v. *t* etimologica: è stata mantenuta, e per il carattere volutamente conservatore dell'ortografia, e per certi avvertimenti dell'amico del Pignatelli, Giulio Cortese, nelle sue *Regole per fuggire i vitij dell'elocutione*, circa la necessità di distinguere tra *z* e *t* intervocalica.

vi. *h* etimologica: memore anche qui delle osservazioni di Giulio Cortese, l'ho mantenuta all'inizio della parola, eccezion fatta per alcune voci comuni del verbo *avere* dove parrebbe semplice leziosità mantenerla (*hebbe* viene mutato in *ebbe*, ma l'*h* è conservata in certe forme 'poetiche' ora disusate come *have/havea*); è stata mantenuta anche l'*h* interna per i nomi propri (*Prometheo*) e in un paio di altri casi (*abhorre, trahea*) dove essa pare conferire maggiore enfasi alla parola, in versi altrimenti assai piani, mentre si elimina negli altri casi (*allhor, talhora*, etc.). Ma un unico caso di *all'hora*, che pare motivato dall'accento metrico forte, è stato conservato.

vii. le doppie, dove queste differiscono dall'uso moderno: sono state conservate, come pure l'uso di una singola consonante dove l'ortografia moderna prevede la doppia (ma un unico *alhor*, dove nel resto delle *Rime* si trova solo *allhor*, è stato anch'esso mutato in *allor*).

viii. separazione/fusione delle preposizioni + articolo determinativo: è stata conservata; l'apostrofo dopo *de, ne, a,* omesso qualche volta dove invece avrebbe dovuto segnare l'elisione dell'articolo determinativo, è stato integrato, conformemente all'uso preponderante delle *Rime.* Altrimenti, anche qui, *1593* procede in modo molto coerente; le rare eccezioni alla norma (per esempio un caso di *ai,* invece del normale *a i*) sono giustificabili con motivazioni prosodiche.

Più complesse le scelte per quanto riguarda la punteggiatura. Tre sono state le considerazioni principali:

ix. virgola: tutte le edizioni seguono fedelmente l'uso dell'epoca (virgola prima di ogni *che/ché* ed *e.* Se si escludono un paio di casi dove la congiunzione è preceduta da una parentesi, e uno (LX, 1) dove la virgola interferirebbe con l'*enjambement*), la sola eccezione alla regola si verifica in forme del tipo *e forte, e vivo,* dove non c'è virgola davanti alla prima *e* : una piccola spia di come, almeno nel caso della virgola che normalmente precede la *e* non si tratti, come spesso si sostiene, di un semplice automatismo, ma che si sentisse la necessità, se non di una vera e propria pausa di lettura, almeno di una certa enfasi che distinguesse i due termini collegati. Vale questa osservazione a maggior ragione per Pignatelli, in quanto la frequenza delle interpunzioni sottolinea l'andatura misurata, gravemente declamatoria del verso, e perché, dove precede una copula che collega due lessemi descrittivi contrastanti o cumulativi, secondo lo stilema tipico del Pignatelli già osservato da Quondam, la virgola induce a riflettere sul loro valore. Ho quindi eliminato la virgola prima di *e/che/ché* quando questa era situata a fine verso e mi pareva che ne risultasse una pausa troppo marcata, e all'interno del verso, dove poteva interferire con la lettura metrica o rischiava di confondere il senso per un lettore abituato alle pratiche moderne; altrimenti l'ho mantenuta fedelmente.

x. punto e virgola: nei sonetti e madrigali l'*editio princeps* lo impiega, in preferenza al punto (usato invece con una certa abbondanza nelle quattro canzoni), per denotare la fine di un periodo. Ho mantenuto l'uso, salvo in rari casi, perché la prassi mi pare significativa, in quanto tende a sottolineare che il componimento è da leggersi come un'unità logica che giunge a compimento solo coll'ultimo verso (cosa che potrà valere in senso generico per qualsiasi poesia, ma che assume significato particolare in Pignatelli, vista la precisione argomentativa del suo dettato, rispetto all'impressionismo e alla catalogazione paratattica della più parte dei petrarchisti). Tale scelta crea però dei problemi, perché spesso il testo usa la virgola a fine verso dove un lettore moderno si aspetterebbe un punto-e-virgola, per segnare pause sintattiche 'deboli'. Si tratta d'altronde in certi casi di voluta ambiguità per *non* chiarire la sintassi. Ho quindi preferito operare una scelta tra la virgola e il punto e virgola (qualche rara volta i due punti), a seconda di quella che mi pareva l'opportunità, cercando il compromesso tra il sistema originale e le possibili difficoltà di un lettore moderno.

xi. due-punti: l'*editio princeps* ne restringe l'uso all'introduzione di esclamazioni, o conclusioni di carattere decisamente logico. Ho cercato di attenermi a questa pratica, estendendola anche a pochi casi, assimilabili a questi, dove la virgola o il punto e virgola dell'originale parevano non offrire guida sufficiente al lettore.

Inoltre, ho introdotto le virgolette per il discorso diretto (ma non in un paio di casi dove più che di discorso diretto si trattava di reminiscenza delle parole dell'amata), e ho spostato qualche punto interrogativo alla fine del periodo, secondo l'uso moderno. Non vi sono, nella tradizione a stampa, punti esclamativi (le esclamazioni sono denotate dai due punti che le precedono) e mi è sembrato superfluo introdurli.

Altrimenti mi sono comportato per i testi riprodotti nelle Appendici, essendo quelli scritti in tempi diversi e provenienti da svariate fonti a stampa, ognuna con le proprie peculiarità ortografiche e un diverso sistema d'interpunzione. In questi casi, piuttosto che cercare di ritornare alle intenzioni originali dell'autore, lavoro quasi impossibile, si è preferito un intervento minimo, che, lasciando immutate interpunzione e peculiarità ortografiche, si è limitato alla sostituzione di *u* per *v*, allo scioglimento di & in *et*, e all'ammodernamento di apostrofi e accenti.

NOTE AL TESTO

I - 4. **accoglia**: offra ricovero, e implicitamente tranquillità (s'intenda che la riflessione della 'tiepida' età senile dovrà ricondurre il fermento amoroso a una pacifica memoria). 5. **Ahi dal pianto [...] si toglia**: il soggetto sembrerebbe essere l'*ardente voglia* dell'*incipit*. 9-11. **Chiuda pietoso [...] asconda**: mi sembra improbabile che si rimandi qui al *pensier canuto* del v. 4; il periodo, assai contorto, sarà piuttoso da intendersi 'Il silenzio amico chiuda la nobile causa delle mie colpe in luogo profondissimo, nascondendola fra i segreti suoi' (ma scioglierlo in questo modo comporta ovviamente una parziale falsificazione del testo, giocato sulle antitesi, e più interessato all'impressionismo psicologico, tra gli alti e bassi del ricordo amoroso, che non al dettato logico).

II - Il sonetto è intessuto di riferimenti mitologici: palesi quello ai Giganti ambiziosi, che per scalare l'Olimpo accatastarono il monte Pelio sul monte Ossa, ma furono respinti, e precipitarono a terra (vv. 1-4); come pure quello a Ercole (Alcide) che sostituì temporaneamente un altro gigante, Atlante, nel reggere la volta del cielo (vv. 9-11). Ma sembrerebbero esserci anche allusioni a Icaro (vv. 5-6), visto che la penna mossa dal desiderio del poeta era spesso paragonata alle ali con cui il figlio di Dedalo cercò di innalzarsi al sole (come per esempio nel bel sonetto dell'Ariosto, *Del mio pensier, che così veggio audace*), e a Sisifo, condannato (anch'egli per una violazione dell'ordine imposto dagli dei) a spingere su fino alla cima di un colle un macigno che però, quasi giunto alla sommità, riprecipita al punto di partenza, costringendolo a ricominciare da capo (vv. 5-8). Nessuna di queste allusioni è particolarmente nuova al repertorio petrarchesco, ma sono insolite la loro concentrazione in un unico sonetto, l'agilità con cui il Pignatelli passa dall'una all'altra, nonché la pertinenza programmatica al groppo tematico di tutto il canzoniere. 10. **Giro di glorie**: le bellezze della donna, paragonate alla volta celeste.

III - 3. **in cui**: nel cuore (l'*influsso* degli occhi dell'amata si diffonde nel cuore dell'amante, accendendovi le *prime fiamme* d'amore, così come, secondo gli astrologi, gli influssi delle stelle agivano direttamente sull'organo in cui risiedeva la funzione da essi controllata). 4. **fatale**: non solo in quanto a lui nocivo ma, astrologicamente, perché dovuto al *celeste influsso* degli occhi-stelle. 7. **qual raggio in vetro**: l'anima, già ghiaccio, in quanto pronta ad ostacolare l'amore, si lascia penetrare dalla luce degli occhi, e subisce una nuova metaforica trasformazione in lente convessa, capace di concentrare il *raggio* degli occhi dell'amata (non più *stelle* ma, implicitamente, soli), donde s'innescherà l'*incendio* del v. 8. 10. **Fe' proprio albergo**: soggetto di *fe'* è l'*alma beltà* del primo verso, la quale trova *albergo* in quel *ghiaccio* che avrebbe dovuto costituire un riparo, così che le *armi* e la *mano* del poeta orneranno i trionfi di lei. **E ben sottrarsi [...] insano**: riferimento arguto all'allora attualissimo dibattito sulla predestinazione, e sull'opportunità o meno di lottare contro il proprio destino (*sottrarsi a dura sorte*), per cui non sorprende che nella seconda edizione (*1603*) i censori vicentini imponessero la sostituzione di *fatale* con *cocente* (v. 4) e di *fato* con *caso* (v. 13).

IV - 3-4. **Ma de le fiamme [...] l'ardore**: l'inciso, una relativa coordinata a quella dei vv. 1-2, sarà da intendersi pressapoco 'la bellezza dell'amata si manifestò (*raccese*) negli occhi di lei, riempiendoli di luce, e nel mio petto, che invece ne subì l'ardore'.   5-8. **Girando altera [...] al core**: descrive come gli occhi-stelle del volto-cielo dell'amata si rivolgono all'amante, imprimendo la loro immagine, e il calore, nel cuore di lui.   9-14. **Sembrar duo poli [...] et arse**: lo splendore dell'*alta beltà*, scendendo nel *core* del poeta e ivi appiccando l'*ardore,* dà luogo a una contrapposizione netta tra il *petto* dell'amante, infuocato e arso, e perciò paragonato al polo australe, e il freddo bagliore stellare della donna, perciò polo artico, boreale (ma negli ultimi due versi *Austro,* più che riferirsi a uno dei poli, sta per il vento caldo e umido del Sud). Il sonetto 'scivola' ingegnosamente da un concetto all'altro, da un generico 'lume' degli occhi a quello stellare, ai due *poli,* al vento australe.   Ma se le singole immagini sono coerenti, altrettanto non si può dire dell'insieme, che non dimostra certo, lungo la catena di associazioni metaforiche, quella *vis* dimostrativa su cui insistevano teorici napoletani quali Camillo Pellegrino e Giulio Cortese, e neanche riesce a costituirsi in quadro di genere, come invece, per esempio, le 'navigazioni d'amore' dei nn. XIV e XLIII.   12. **ornarse**: come lo *spirar* del v. 14, dipende dal *sembrar*[ono] del v. 9.   14. **incennerimmi, et arse**: potrà sembrare semplice necessità di rima che l'incenerire preceda l'ardere, ma forse si vuol sottolineare in primo luogo la violenza di questo fuoco, e poi, per il solito paradosso petrarcheggiante, che il rogo d'amore continua a bruciare anche dopo che il cuore si è ridotto in cenere, per cui (come anche altrove nelle *Rime*) la copula equivarrebbe a 'ciò nonostante'.

V - 9-11. **Così già nato [...] accoglie**: nel modo descritto dalle due similitudini delle quartine Amore si fa strada nell'amante, e il piacere e la speranza aprono il varco (*accoglie*) alle sofferenze amorose. 12-14. **E 'l desio [...] parti estreme**: il desiderio dell'amante è una pianta il cui *dolce seme* non ha piantato salde radici perché l'amata non ha alimentato le speranze; le sue fronde (*parti estreme*) sono le pene amorose.

VI - Il sonetto è giocato sulla congruenza dell'immagine d'Issione, che Giove fece punire legandolo a una ruota di ferro che ruotava eternamente su se stessa, e allo stesso tempo girava attraverso i cieli: così l'amante si trova sempre fermo e costante nella sua fede, seppure continuamente, circolarmente, agitato dalle pene d'amore. Eccetto che l'amata è fonte di conforto, oltre che di pene: fa soffrire l'amante, ma gli dà anche la forza per reggere il supplizio. Non sembra invece che la causa del supplizio d'Issione, l'ingratitudine, abbia una parte nel confronto; piuttosto, sarà ancora una volta la dimensione cosmica della vicenda, il roteare per il cielo, a raccomandarla al poeta, ricollegandola a quel sistema metaforico occhi-sole/stelle (e quindi donna-cielo) che domina la poesia del Pignatelli.

VII - 3. **ei**: il *cor* dell'*incipit*.   5-7. **Per queste [...] Porte amorose**: s'intenda 'entrando l'amata dalle porte amorose' (le ferite aperte dallo sguardo di lei nel petto dell'amante).   12-14. **E ben presa [...] vendetta**: tenere prigionera chi mi offende (serbare cioè l'immagine dell'amata nel cuore) sarà giusta vendetta delle ferite ricevute.

VIII - 6. **Mostri**: latinamente prodigi, manifestazioni abnormi.   10. **manca**: *mancare* usato transitivamente, per 'far mancare', 'scemare'.   12. **non restò manca**: non si esaurì (malgrado lo sfogo del pianto).   13-14. **la pena Crebbe**: la sofferenza crebbe con l'esternarsi dei lamenti.

IX - 4. **un misto bel**: secondo la topica della descrizione della bellezza muliebre concorrono alla sua eccellenza come somma dei più squisiti attributi quanto di più pregiato, soave o splendido la natura possa offrire, e l'arte piegare alla metafora. Altrettanto topica è la contrapposizione tra la smagliante apparizione della forma esteriore e la crudeltà di 'fiera' della natura interiore della donna. Ma in questo caso, la descrizione va forse un po' oltre lo svolgimento tradizionale. Se la donna raccoglie in sé tutte le bellezze della natura, e recepisce in pieno tutte le grazie celesti, si configura per metafora come una specie di giardino paradisiaco, dove non manca neanche il serpente. Anzi, nella scenetta conclusiva dove giardino, donna e serpente sono tutt'uno si potrebbe intravedere uno dei primi esempi di una tematica (presente già nel Marino del periodo napoletano), che ebbe notevole importanza nella poesia, e anche nella storia delle idee, barocche: il dramma della Caduta, e la discacciata dall'Eden (viste specificamente in termini di scoperta della differenza sessuale) come *figurae* del rapporto ambiguo dell'uomo con la natura, a cui appartiene e a cui è esterno, che domina (sia pure solo con la parola) ma di cui è anche vittima. Inoltre, se l'espressione *misto bel* (non riscontrata altrove nella tradizione petrarchista) si riferisce letteralmente alla donna in quanto *summa* delle bellezze terrene, prodigio della natura, ricorda anche altri usi tecnici del termine 'misto', che nella filosofia naturale dell'epoca indicava sostanze non pure (cioè tipicamente terrene, composte di più elementi) e addirittura, nella frase 'corpo misto', l'uomo come insieme di spirito immortale e carne destinata a perire. Sotto il complimento convenzionale si nasconderebbe allora un ricordo che nonostante tutta la sua apparente perfezione anche l'amata è destinata a perire, e un richiamo non privo di una sottile vena di misoginia alle origini di tale mortalità della carne.

X - 8. **Fucina lui**: il cuore.

XI - 1-8. **Sorge il pensier [...] honesti e schivi**: svolge il tenore della similitudine, per cui il pensiero si paragona a una pianta, che dal cielo trae luce e acqua (*i raggi, e l'onde*) perché il *celeste volto* della donna emana *lumi* di *grazia* e *rivi* di *dolcezze* (la similitudine dà luogo così anche a una elegante *rapportatio*); da notare che i *frutti* di questo casto amore-pianta sono non i piaceri ma gli *atti honesti e schivi,* attributi normalmente femminili, che però qui vengono riferiti all'amante. 10. **Virtù fattrice**: la bellezza dell'amata, dalla quale dipende la crescita del pensiero-pianta. 12. **Elitropio**: il girasole. 12. **cole**: adora (latinismo). 14. **Quasi sua forma**: quasi suo principio informatore (ciò che secondo la filosofia scolastica dà alla materia altrimenti informe la sua natura specifica e la rende oggetto particolare, con le sue proprietà, e il suo ruolo nel creato, adempiendo così la volontà divina). Ma è da notare come, mentre secondo i teologi per il resto del creato ciò avviene indirettamente, per influsso degli astri, azione degli elementi e via dicendo, a determinare la natura particolare dell'uomo è l'intervento diretto della Divinità. Così in Dante, per cui Dio *si volge lieto* all' embrione umano, già *pianta,* per infonderlo di *spirito novo, di vertù repleto* (*Purgatorio* XXV, vv. 53, 70-72). Che qui l'amante-girasole sia 'informato' dalla *virtù fattrice* della donna-Sole rasenta quindi il sacrilegio, per quanto il concetto, nascosto sotto il velame della metafora continuata, non subisca correzioni censorie in *1603.*

XII - 3. **che chiedea**: il soggetto è la *Man* della dama che cerca *sostegno,* ma così facendo più ne dà al galante, ammaliato sostenitore, stringendo il braccio di lui e dandogli quindi *aiuto* nel momento stesso che lo chiede.   13. **Che ne gli omeri [...] il mondo**: l'amante-Atlante (come nel n. II Alcide) sostiene la donna-cielo, le cui bellezze vengono così a ruotare intorno a lui. Dietro il complimento cortigiano si nasconde una delle tante confessioni del fondamentale solipsismo dell'amante, sempre pronto a interpretare il mondo fenomenico dal proprio punto di vista, nonché a collocarsi al centro dell'universo.

XIII - 9-10. **rubini [...] perle**: le labbra e i denti dispiegati nel *riso* del v. 4.   14. **Leghi**: il soggetto è ancora *Amor.*

XIV - 7. **polo**: stella polare (ma qui nel senso generico di astro che segni il percorso da seguire, come la lucerna nella storia di Leandro a cui si fa riferimento al v. 11).   12. **Di somma beltà parto non degno**: si riferisce ad Amore, figlio di Venere.   13. **entro al suo pelago**: il mare è quello scosso da tempesta amorosa delle quartine, ma vi si confonde l'altro, mitologico, da cui nacque Venere.

XV - 5-8. **Così poi [...] ai rai**: dopo aver riscontrato la freddezza della donna al suo *pianto,* l'amante vuole *coprir* le sue *pene* in un *muto parlar*: l'amore muto è l'amore segreto agli altri, ma noto soltanto alla donna, omaggio non scoperto o scandaloso, ma discreto e riverente, casto, da lei sola avvertibile (cfr. anche i sonetti XXXVIII e LXII).   Di questa topica il sonetto sottolinea gli aspetti più paradossali, in un gioco di antitesi (*strinsi [...] sciolsi*; *empia [...] riverenza*; *chiuse [...] aperte*; *coprir [...] scoprisse*) e di ossimori (*un muto parlar, che tace e duolsi*; *'n quel tacer gridai*; *abissi D'alta humiltade*), che ne esaltano più la dimensione psicologica, l'impossibile (anzi assurda) semiotica del discorso amoroso, che non il platonismo.   7-11. **Che per la via [...] immerse**: il senso è da intendersi come 'volli nascondere le mie sofferenze serrandole nel cuore, aperto solo allo sguardo della mia donna, in modo che solo lei ve le *scoprisse* [...] più scorgendo di quanto non dicessi'; curioso però come (caso unico nelle *Rime*) il *Che* consecutivo che introduce questa 'conclusione' sia preceduto da un punto e virgola (addirittura un punto in *1603*), cosicché si potrebbe intendere anche in senso finale, quale introduzione piuttosto di un auspicio. Auspicio che, per quanto logico dal punto di vista della topica amorosa, sarebbe assai illogico se prendessimo il testo nel suo senso letterale (come sembrerebbero invitarci a fare le iperboliche antitesi), prescindendo cioè dalle virtù sovrannaturali che l'amante attribuisce all'amata: l'amante non dice nulla, perché mai lei dovrebbe reagire?

XVI - 6. **libra**: bilancia, mantiene in equilibrio.   7-11. **E quella [...] morta**: e quella parte (dell'anima) che cadrebbe uccisa (*morta*) da una delle due emozioni che vi risiedono (*gioia* e *pena*) viene soccorsa dall'altra, contraria; ma l'effetto di tale intervento non è benefico (*Né questa è già mercé che la console*), in quanto svolto solo perché l'anima continui ad ardere *in sempiterno ardore*; si mantiene così la situazione di stallo che caratterizza quasi tutti i primi testi delle *Rime*.

XVII - 9-11. **Ché ben chiaro [...] non adombra**: la mano della donna che si frappone tra l'amante e il suo stesso volto viene comparata a una *nebbia,* che copra il *sol* dei *begli occhi,* ma non ne nasconda del tutto la luce, che anzi orna la stessa *ombra* che l'occulta, così da farla apparire *non* [...] *men serena.*

XVIII - 1. **ardite piume**: come (metaforicamente) quelle del folle volo di Icaro al quale l'amore per la Donna viene comparato. 9. **esca**: la materia secca e facilmente combustibile a cui dà fuoco la scintilla della pietra focaia.

XIX - Si riprende qui con *il desio gravido* un tema già trattato nel n. VIII (dove però la 'gravidanza' era attribuita più genericamente al cuore), incrociandolo con l'altro del pensiero-pianta (cfr. n. XI), onde ricavarne un grazioso omaggio poetico-floreale: se gli occhi-sole dell'amata sorrideranno, il pensiero-pianta dell'amante produrrà fiori che andranno ad ornare i capelli di lei. 5. **Ei sol**: riferito sicuramente all'*intelletto* piuttosto che al *cuore,* per l'insistenza su termini designanti una facoltà intellettuale e attiva (*apprende*; *rende* 'gravido' il desiderio; *concetto,* nella duplice accezione di 'concetto' della mente e di 'concepimento'; *somministri*).

XXI - **Geronima Colonna**: figlia di Ascanio Colonna, Gran Connestabile del regno di Napoli (famoso per la 'guerra del sale' intrapresa contro di lui da Papa Paolo III Farnese), andò in sposa a Camillo Pignatelli, duca di Monteleone, e fu quindi imparentata con il poeta. A lei, nel 1568, venne dedicata una scelta di poesie, *Il Tempio della divina Signora Donna Geronima Colonna d'Aragona* (Padova, Pasquati, 1568), in cui però non figurano né questo né altri componimenti del Pignatelli. Fu amica di Paolo Manuzio e noto era il suo interesse, oltre che per l'umanesimo volgare, per l'astrologia (il che spiega il contenuto fortemente platonico-astronomico di questa canzone). Ma fu anche, almeno nell'età avanzata, donna devota e sempre a lei, nel 1582, Giovan Battista Attendolo aveva dedicato il poemetto devozionale *Il pensiero della morte* (pubblicato assieme alle *Vergini prudenti,* Firenze, Sermartelli, 1582). Probabilmente la canzone, che sembrerebbe far gruppo tematico con i sonetti nn. XXII e XXIII, riconducibili al 1585-86, data anch'essa a quegli anni, quando ormai la Colonna era una donna di una certa età, a cui ben si addicono i modi di questo testo (elegante e dotto elogio più che canzone d'amore in senso stretto). 13-14. **Così cinta [...] fora**: tanto più bella apparirai alla vista, dopo che di te si sono lette le mie povere lodi, quanto appaiono più luminosi il sole e l'alba, dopo le tenebre notturne. 15-20. **Del tuo chiaro [...] adorno**: come il nuovo giorno sorge più luminoso dalle tenebre, così io (sottintendendo le professioni di modestia dello *stil caduco, e frale* della stanza precedente) sia il tramonto del tuo sole, cosicché esso possa nuovamente sorgere illuminando altri *di nuova luce adorno.* 24-28. **O qual [...] lo scorga**: oppure il poeta auspica che il suo *'ngegno humile* si sollevi fino a lei in cielo come le nebbie e i vapori diradati dai raggi del sole. Si noti come la struttura sintattica parallela (*Qual* [...] *O qual*), che ricollega la similitudine a quella precedente di *Febo,* non significa che ne ripeta o sviluppi ulteriormente il significato: si passa ad un nuovo concetto, e poi, nella stanza successiva, con l'allusione al mito di Prometeo, a un terzo; ogni salto avviene però attraverso la ripresa di un termine dell'immagine precedente (il 'sole' prima, l'"inalzarsi' alla sua luce poi). Il procedimento è assai tipico della canzone, e indicativo della predominanza in essa di un abile, erudito impressionismo su temi platonizzanti, più che di un preciso discorso filosofico. **45. han le lor gratie sparte**: soggetto sono la *natura* e il *ciel* del verso precedente. **46. forma**: il soggetto è la beltà celeste (cioè della divinità), che ha colmato la donna delle sue *dolcezze,* facendo di lei, platonicamente, il suo simulacro terreno. **53. Nuovo gigante**: l'*immondo desio* del v. 51; l'allusione è ancora una volta ai giganti, che per scalare l'Olimpo avevano accatastato uno sopra l'altro il Pelio e l'Ossa (cfr. son. n. II). **57. Miri**: soggetto è la *divina e pura Mente,* che ha già deposto il desiderio sensuale. **77. Vedrà**: soggetto è l'*Occhio felice* del v. 71, così distanziato dal suo verbo per l'interpolazione della enfatica parentetica dei vv. 73-76; la scelta dell'originale di non evidenziare con parentesi è stata qui rispettata. **85. Nume**: riferito qui alla donna. **94-98. O quant'alme [...] al cielo**: o quante anime rendi beate, allorché, da te rese pure e serene, avendole sgombrate delle loro ombre (come le stelle dalla luce del sole), le innalzi sollevandole a Dio. Vale però sempre l'osservazione sullo snaturamento che simili razionalizzanti parafrasi esplicative impongono ai complicati costrutti poetici del Pignatelli: il *Che* del v. 95 può, ad esempio, valere tanto come congiunzione da collegare con *allor,* quanto come relativo di *alme.* **111. destino**: mutato in *forza* in *1603* (ed è interessante notare anche qui come, mentre le iperboli platoniche precedenti sul tema della Donna-nume/Donna-specchio-di-Divine-bellezze, non preoccupassero il censore vicentino, questi intervenisse regolarmente invece su qualsiasi frase potesse essere intesa in termini di predestinazione astrale). **113-118. Questa [...] pasce**: questa beltà, quasi una dolce armonia che conforme all'eterno moto degli astri emana dalle membra [della donna] assomiglia alla beltà Divina. **118. quelle menti**: gli spiriti dei beati. **119-123. Ma s'a più chiaro [...] lo spirto tuo**: se l'*intelletto* riuscirà a penetrare oltre lo sguardo, che si pasce soltanto della bellezza corporea, ne apprezzerà quella spirituale, riconoscendone la consonanza con Dio. **129. Salda COLONNA**: l'allusione sembrerebbe essere, oltre che alla destinataria della canzone, alle Colonne d'Ercole, limite dello scibile umano (così come l'amata offre all'uomo terreno il limite delle sue possibilità di avvicinamento al divino), richiamate nell'espressione *quasi termine suo.*

XXII - **Maria Davalos**: Maria d'Avalos, figlia di Carlo, Principe di Montesarchio, e di Lucrezia Gesualdo, sposò successivamente Federigo Carafa dei Marchesi di S. Lucido e Alfonso Gioeni dei Marchesi di Giulianova; morto anche il secondo marito, passò a nuove nozze con Carlo Gesualdo, Principe di Venosa (1586), da cui venne colta in flagrante adulterio con l'amante Fabrizio Carafa, e uccisa (1590); il fatto di cronaca venne commemorato da numerosi poeti, compresi il Tasso, il Marino e lo stesso Pignatelli (si vedano i nn. CVII-CVIII). La sua famiglia, ramo di un grande casato spagnolo e tra le più importanti del Regno (dove il capostipite Alfonso si era trasferito a metà del '400), per varie generazioni si era distinta nelle armi, al servizio dei re aragonesi prima, della Corona di Spagna poi (oltre a numerosi comandi militari ressero per due volte nel corso del '500 il governatorato di Milano). La composizione del sonetto è probabilmente da collocare intorno all'epoca del suo terzo matrimonio.   3-4. **de i lor cori [...] e morti**: i cuori, l'ardimento e il valore, e le mani, abili nel trattare le armi, degli antenati guerrieri di Maria d'Avalos, le cui virtù la donna emula, non meno apportatrice di *ruine, e morti*.

XXIII - **Duchessa di Nocera**: Giovanna Castriota, della nobile famiglia albanese stabilitasi nel Regno nel 1468, che entro il 1585 andò in sposa a Ferrante (o Ferdinando) Carafa, Duca di Nocera. In quell'anno le venne dedicato un volume di *Rime e versi,* cui contribuirono numerosi letterati italiani e spagnoli, ma nel quale non figura questo componimento (per i tre contributi del Pignatelli alla silloge si vedano i nn. LXXXIX-XCI, e per la descrizione della collezione la nota bibliografica). 3-4. **O sol d'amor [...] e cara**: la donna è un sole che illumina con il suo splendore, ma è del tutto privo di fuoco nocivo; oppure, se fuoco emette (*fiamma movi*), si tratta di fuoco *celeste,* che non arde e consuma come quello terreno, ma ravviva e purifica (e ovviamente il fuoco terreno è quello metaforico dell'amore carnale).   7-8. **Né scacci [...] impara**: né scacci colui che t'ama agli occhi del mondo, ma con la tua onestà ne emendi le *colpe* di un amore sensuale, così che egli sotto la tua guida, curandosi solo *di gloria, e di dolcezza honesta,* è diventato degno di ammirazione.   12-14. **Che, come stella [...] cagion seconde**: come la (donna) stella riceve il movimento dal suo motore (il 'motore immobile', causa prima che muove il tutto della cosmologia aristotelica, identificato dai filosofi scolastici con la divinità), ora colui che ama la donna è mosso a sua volta, rivelandosi 'effetto' del suo astro (*cagion seconda* a differenza della 'causa prima', divina, che muove gli astri). La terzina svolge rigorosamente la teoria dell'amore platonico per cui la bellezza della donna è emanazione della divinità, che l'amante impara a riconoscere in lei attraverso il superamento del desiderio carnale: così come la virtù del motore divino (immoto e invisibile) si conosce solo attraverso il movimento degli astri, quelle della donna si manifestano attraverso il 'moto secondo' impresso negli ammiratori.

XXIV - **Alla Solfatara di Pozzuoli**: questa variazione della topica immagine del vulcano per l'ardore dell'amante si ritrova anche in due sonetti strettamente affini nelle 'rime amorose' della *Prima parte delle rime* del Marino (Venezia, Ciotti, 1602), *Là, dove Stige per sulfurea vena* e *Chi desia di saldar piaga mortale,* che forse datano allo stesso periodo (cioè 1588-92, quando il giovane Marino, stando ai biografi, si trovava sotto la protezione del Pignatelli); ma è probabile che il tema venisse trattato in quegli anni anche da altri letterati della cerchia dell'Accademia degli Svegliati.   1. **Questa**: si riferisce alla *Terra,* cioè alla Solfatara.   2. **Fumi, et onde**: liquidi (lo zolfo fuso) ed esalazioni che sprigionano dai sassi e dalla sabbia, cioè dal terreno.   11. **Onde [...] ristore**: l'utilizzazione terapeutica delle sorgenti calde e delle esalazioni gassose del territorio vulcanico dei Campi Flegrei data addirittura ad epoca pre-romana. Il Pignatelli parrebbe alludere qui specificamente ai benefici per la vista degli stabilimenti termali della sua epoca, paragonandoli al conforto che la donna trae dall'osservare l'incendio nel cuore di lui. Circa l'impiego delle emanazioni sulfuree nella terapia di patologie degli occhi quali le congiuntiviti non sono riuscito a trovare menzione, ma Giulio Iasolino, nel trattato *De rimedii naturali* (per cui si veda la nota al n. XCIX) fa menzione specifica di tali cure tra quelle praticate con i *Bagni, Arene, Fango,*

Doccia, e Sudatorij delle fonti termali di Ischia, per cui verosimilmente lo stesso avveniva anche a Pozzuoli.

XXV - 3. **L'augel famoso**: la fenice che si costruisce un nido cui dà fuoco per ardere e risorgere dalle proprie ceneri.   3. **rivolto**: al *chiaro Sol* del v. 1, da cui l' amante-Fenice (*esca*, materiale combustibile, e *nido*, rogo dove avverrà la metaforica autoimmolazione) prende il *foco*. In verità, nella tradizione (cfr. Ovidio, *Metam.* XV 392-400), la fenice brucia di fiamma propria e non ha bisogno di fuoco esterno; potrebbe dunque esserci una lieve contaminazione con altro leggendario uccello, l'aquila che fissa il sole (cfr. n. XXI, 61-62). È da notare però come in certa iconografia alla rigenerazione della fenice presiedeva sulla scena il sole (si veda per esempio la marca tipografica sul frontespizio delle *Rime in morte di Irene di Spilimbergo,* descritta nella nota bibliografica). Ciò che pare sicuro, comunque, è che oltre a spiegarsi con la necessità di individuare negli *occhi* dell'amata la causa della trasformazione, la presenza del sole è dovuta anche ad una trama di associazioni di idee che ci porterà al *crine* della seconda quartina (il cui scioglimento è paragonato al sorgere o riapparire del sole in diversi sonetti del Tasso, e soprattutto del Marino, per cui si veda l'osservazione circa i vv. 5-7 sotto). Quanto peraltro il passaggio dalla metafora amante-fenice della prima quartina a quella amante-baco della seconda dipenda, più che dallo sviluppo logico del tema del *tormento,* da una serie di metonimie che giocano a tutto campo sul repertorio petrarchesco lo dimostra anche l'*esca* del v. 4, che seppure con un passaggio ad altro significato, ci porta ai *lacci* del v. 5 (ingredienti ambedue di numerose 'uccellagioni' amorose, a partire da *Rerum Vulgarium Fragmenta* CLXV, *Amor che solo i cor' leggiadri invesca* [...] *da' begli occhi un piacer sì caldo piove / ch'i' non curo altro ben né bramo altr'esca* e CLXXXI, *Amor fra l'erbe una leggiadra rete / d'oro et di perle tese* [...] *L'esca fu 'l seme ch'egli sparge et miete*).
5-7. **E di quei lacci [...] i nodi**: il senso generico di questo secondo *tormento* amoroso è ovvio: l'amante 'preso' dalle bellezze della donna (e in particolare questa volta non gli occhi, ma i capelli) è un baco che ordisce la propria prigione, e che come la fenice 'risorgerà' da essa. Meno chiari i particolari della metamorfosi, che parrebbe conseguire, non si sa bene come, da ambedue gli scenari proposti, del *crine* stretto in *rete,* oppure *errante e sciolto,* distinzione che dal punto di vista del concetto sembrerebbe un semplice riempitivo. Ma qualunque fosse l'intento preciso del poeta, qui e nell'identificare negli occhi-soli della donna la fonte del *foco* della prima quartina, l'accostamento tra la fenice e il baco, risorgenti l'uno dalle ceneri, l'altro dal sepolcro del bozzolo, è topica nella poesia di fine secolo.   9-10. **Spiegate pur [...] le pompe altere**: vale l'invito sia per gli occhi che per i capelli (e si confronti il n. XIII, *Spiegate o Donna i bei rubini accensi*), ma a maggior ragione per il *crine* [...] *sciolto,* un po' come nel sonetto del Marino, *A l'aura il crin, ch'a l'auro il pregio ha tolto,* dove la donna *avea disciolta* la chioma *per doppiar forse luce al dì nascente.*   12. **l'armi**: potrebbero far pensare alla *bella guerriera* di sonetti come il n. XXII, ma potrebbero parimente essere quelle della cacciatrice nascosta tra le pieghe del sonetto, che ha steso *lacci* e *esche* per catturare l'amante, e che ora si accinge a dargli il colpo di grazia, negandogli, sembrerebbe, la 'resurrezione' che attende invece fenice e baco. C'è da concludere però che l'interesse principale del sonetto risiede, più che in un significato da dipanare dal groviglio metaforico, in ciò che vi si intravede di un

processo compositivo fondato principalmente sul gioco delle associazioni e assonanze metaforiche con le opere di classici e coevi.

XXVI - 1. **De la vostra beltà**: riferito all'*immortal raggio*. 6-11. **Grato a i begli
occhi [...] e 'l lume**: per ringraziare i *begli occhi* che gli hanno infuso nuova
forza, loda e illustra (con la poesia) le loro virtù (*valor superno*); la prima terzina
svilupperà ulteriormente il concetto del poeta che, 'infiammato' dalla sua donna,
ne rifletterà e incrementerà lo splendore, come una *face* che arda per illuminare
altri, mentre l'ardore sarà del poeta e la luce che ne deriva della donna. 14.
novello Alcide: allude ad Ercole, che morì sul rogo da sé costruito, onde fuggire
il 'fuoco' ancor peggiore dell'unguento del centauro Nesso, e venne trasformato
in divinità (o in astro, secondo altri).

XXVIII - 1-4. **Di novella pietà [...] angoscie, e guai**: 'vedo lo sguardo (i *rai*)
dell'amata mosso da *novella pietà,* e il mio cuore si riempie di gioia, rimuovendo
le sofferenze passate'. Il capoverso, ricco di assonanze petrarchesche, preannuncia
quel tono di dialogo intimo, tipico dei *Rerum Vulgarium Fragmenta,* che distingue
il sonetto dal resto delle *Rime* del Pignatelli.

XXIX - 1-4. **Sembra [...] e 'n quelle**: il volto dell'amata è paragonato al cielo
sereno, che illuminato (*distinto*) dagli occhi (*faci*), rivela tutte le bellezze di lei,
riempiendo il mondo di luce. Ma in questa prima quartina il senso preciso della
similitudine non è palese: potrebbe trattarsi di una scena sia notturna, su cui campeggiano gli occhi-stelle, sia diurna, e allora si tratterà di occhi-sole. L'ambiguità
è voluta, per così dire strutturale, in quanto nella seconda quartina si passerà a
un crepuscolo dove sono contemplate sia la possibilità di un'alba, che di un tramonto, possibilità che porteranno a loro volta alla duplice, contraddittoria interpretazione del 'fenomeno' donna-cielo delle terzine.   5-6. **Che sparso [...] ha
tinto**: interpretando il periodo come una relativa coordinata alla precedente si
potrà leggere: 'Flora ha *sparso* dei profumi e *tinto* dei colori delle sue rose il *bel
volto* di lei'. Ma per quanto la più ovvia, non è questa la sola lettura possibile,
essendo la bimembrazione dei vv. 3-4 e 5-6 in qualche modo imperfetta: mentre
i primi svolgono la similitudine volto = cielo, con i secondi si passa alla metafora
volto = giardino fiorito, e lo slittamento semantico comporta anche uno scarto
grammaticale (il *Che* del verso 3 è un pronome soggetto, mentre secondo questa
lettura quello del v. 5 sarebbe pronome oggetto). È ipotizzabile allora una interpretazione alternativa dei vv. 5-8: 'Cosicché [il volto-cielo della donna] ha conferito
a Flora (la Natura) gli odori e i colori delle sue rose', lode assai iperbolica, ma
non del tutto assurda partendo dalla metafora occhi-soli, soprattutto se si pensa
che questa topica tendeva a dimostrare come le bellezze del volto non solo imi-
tavano, ma addirittura superavano e servivano d'esempio a quelle della natura.
Né la prima interpretazione esclude necessariamente la seconda, ma piuttosto rien-
trano tutte e due nel significato complessivo del sonetto, imperniato sulla varietà
delle predicazioni metaforiche della donna, e sui possibili sensi che ad essa si
potranno attribuire.   7-8. **E ne' begli occhi [...] le stelle**: l'*Aurora* apporta *ne'
begli occhi* il sole, ed *Hespero* (il tramonto) vi fa brillare la luce delle stelle, o
anche, leggendo in senso opposto, il sole accende negli occhi l'aurora, e le stelle
vi accendono Espero (ma, comunque, le vistose antitesi *Aurora-Hespero / Sole-
stelle* presuppongono un chiasmo).   12-14. **Ch'ivi par [...] e saetti**: si spiega

finalmente con quel *par* la ragione delle ambiguità precedenti: il volto-cielo del-
l'amata potrà configurarsi, per l'amante, come un'alba, in cui Venere, la stella del
mattino, dispiega i suoi effetti benigni, ma anche come un tramonto, a cui segui-
ranno nel cielo la comparsa di Marte, cioè la guerra, e Orione, la costellazione
apportatrice della stagione delle piogge (scherzo 'astrologico' reso ancor più arguto
dal fatto che in realtà Venere stella del mattino ed Espero stella della sera sono
lo stesso pianeta !).

XXX - 1. **suon**: dell'amata che canta (i *d'amor cari lamenti* del v. 5, che rispec-
chiano quelli dell'amante, e quindi potranno farle finalmente comprendere quello
che prova lui).

XXXI - 3-4. **Che dolce [...] offerse**: il soggetto è la fonte, che in quanto acqua
corrente (*onda*) disseta l'amata, e in quanto *puro cristallo* ne riflette perfettamente
l'immagine (*se stessa vagheggiando*). 5-6 **Ella [...] Le fiamme impresse**: l'acqua
della fonte sembrerebbe 'impressa' non solo con l'immagine dell'amata, ma anche
con il fuoco (il luccichio dell'*onda*) che emana dalla sua bellezza, fuoco che
infiammerà l'amante non meno di quanto lo bagni l'acqua con cui l'*asperse*. 10.
Giove mutarsi: quando per congiungersi con Danae si fece prima nube e poi
pioggia d'oro.

XXXII - 4. **È la sua spera**: secondo la fisica aristotelica ogni elemento tendeva
ad elevarsi verso il cielo o sprofondarsi verso il centro della terra, fino a raggiungere il sito che corrispondesse alla sua gravità o leggerezza, dove assumeva uno
stato di riposo – il fuoco, il più leggero degli elementi terreni, si alzava fino a
toccare la prima delle sfere celesti (quella della 'fredda' luna), dove veniva a ri-
posare in quanto *suo luogo* (v. 9) naturale. 13. **Presso al freddo è la fiamma**:
in quanto contigua alla 'fredda' luna.

XXXIII - 2. **E mostra a gioia**: sembra portare al piacere. 9-10. **con l'armi [...]
Con cui difende**: le stesse armi che feriscono l'amante, lo sguardo dell'amata,
servono anche a difendere lei respingendolo.

XXXIV - 7-8. **Né fra le leggi [...] lo teme**: il cuore non teme meno Amore,
nella dinamica del suo *crudo impero, pietoso*, cioè quando sembra concedere,
che *giusto*, cioè quando si nega, dove l'antitesi non è del tutto congruente e ci
si aspetterebbe forse qui l'impiego di *crudo*, e non nel verso precedente, ma va
ricordato che proprio nella richiamata dinamica amorosa petrarchista il ricambiare
l'amore da parte della donna sarebbe colpevole, e quindi non 'giusto', mentre da
lei può soltanto essere offerta benevolenza con un 'pietoso' scusare la temerità
dell'innamorato: la situazione amorosa di eterno stallo in cui l'amante, totalmente
soggiogato da Amore, 'brama e spera' e l'amata sta, irraggiungibile, oscillando tra
'superbia e sprezzo' e 'dolce pietà'. 10-11. **qual d'occhio [...] rende**: come in
certe malattie degli occhi, quando la vista (*lume*) è impedita sia dalla carenza
che dall'eccesso di luce.

XXXV - 1. **sì bella imago**: il ritratto dell'amata, riflesso della sua bellezza. 3-
4. **Come [...] splende**: la luna, che è fredda come il ritratto, e splende solo di
luce riflessa. 9-14. **Qui vola Amor [...] non nega**: Amore stesso è ingannato
dal ritratto della Donna, e da esso non meno che dal vero suo volto lancia strali

e tende lacci (*saetta, o lega*) contro l'amante; ma con questo vantaggio per lui, che mentre la donna vera rifiuta il suo amore, quella dipinta, pur non mostrandogli pietà, rimane immobile, e quindi neanche gliela nega.

XXXVI - 2. **in suo cerchio**: nella sfera celeste designata. 3. **sanguigna nebbia**: allude al rossore dovuto alla malattia, che offusca il consueto splendore degli occhi. 5-8. **chi fia [...] duro**: gli occhi dell'amata (*chi n'accese*) offendono l'amante sia quando brillano, emanando fiamme, sia quando sono oscurati, e allora minacciano tempeste. 12. **Ma chi c'illustra?**: chi ci illumina ed esalta (coinvolgendo la totalità degli esseri, a maggior gloria dell'amata, come anche nel seguente sonetto) quando la luce degli occhi di lei, forse nascosta da Amore pietoso tra le nubi (vv. 9-11), viene meno?

XXXVII - 2. **ond'arde**: con cui fa ardere. 5-6. **rendi altrui [...] divina**: la luce che la Donna emana su chi la circonda (*altrui*), per quanto *alma e divina*, è offuscata dalla malattia, e con essa i suoi effetti. 9. **sparse**: riferito a *bellezze* anziché a *notte*.

XXXVIII - 11. **Pasce qual Titio**: l'amante soddisfa il pensiero affamato - il desiderio amoroso che lo logora - nutrendolo con il proprio petto, come fece il gigante Tizio (che per aver tentato di violentare Latona venne ucciso da Apollo e Artemide: passato agl'inferi, fu condannato all'eterna tortura per cui, legato al suolo, due avvoltoi gli mangiavano il fegato, che però continuamente si rigenerava).

XXXIX - 3. **per noi**: da noi, da parte nostra. 9. **quel pensier**: della mente, che il *folle desio* ha incitato, e che il poeta tenta di frenare, ma sentendosi invece subito rinnovare gli stimoli del desiderio, ceduto ormai *altrui* [cioè all'amata] *l'arbitrio*.

XL - 6. **ov'entro il cor s'aggiri**: dove [tra le catene d'amore] il cuore dell'amante sarà sempre più strettamente avvinto.

XLI - **qual huom ch'affidi**: Amore lo spinge, come per ispirargli fiducia e incoraggiarlo (ma la falsa similitudine sottolinea che l'aiuto è illusorio). 7-8. **sol da i segni [...] sorte**: Amore sembra indicare, nella perfezione (*perpetuo bene*) dell'amata, la possibilità di una sorte migliore per l'amante (e ancora una volta l'attribuzione al rapporto amoroso di valore salvifico parrebbe volutamente rasentare il blasfemo). 12. **Vibra tu fiamme**: rivolgendosi all'amata (riprendendo l'*incipit*, dove si parlava dei suoi *aspri* [...] *colpi*. 13. **Sorge ella**: l'anima dell'amante.

XLII - 8-13. **Lasso, [...] il male**: il cuore dell'amante, che prima traeva nutrimento (*soave Aura*) dalla bellezza dell'amata, ne riceve ora solo nocumento, quasi fosse quell'aura tramutata in vapori pestilenziali, per cui il rimedio stesso dell'amore (quell'*aura, 'l già vitale spirto*, cioè la vista dell'amata) si trasforma in danno. 14. **Argo**: il mitologico guardiano dai cento occhi. 21. **mentr'ha sospetto, e fede**: la *spene* è incerta, perché (*mentre*) combattuta tra la gelosia e la fede nell'amata. 22. **erge**: risolleva. 23-26. **dal mal diparte [...] è vaga**: parzialmente consolata, la speranza dell'amante allontana i sospetti peggiori, ma dà credito soltanto ai minori, accontentandosi così di rimanere incerta: non desidera sapere la verità, e vuole perversamente continuare a sviarsi. 28. **occulti nemici**: le *frodi* nascoste nell'illusione consolatoria.   30-35. **sveglia ardita [...] inganni**: il soggetto è la *novella cura*, che *sveglia* e *punge* il cuore *addormentato* e *s'interna* fin dove l'*altrui perfidia* forma (*finge*) *i suoi celati inganni,* che vengono così svelati. 36. **affanni**: le pene amorose.   42. **poscia amare [...] ha l'opre**: una donna dal *dolce aspetto* può rivelarsi *amara* nelle azioni o effetti (*opre*).   44. **affidi altrui**: riesca ad ispirare fiducia in altri. 46-47. **a mille antiche [...] fura**: come la legge ingiusta e crudele [dell'amata] deruba l'amante della riconoscenza (*mercé*) dovuta alle passate dimostrazioni del suo amore.   48. **se a te diella**: si riferisce ancora all'*empio giudicio* e alla *mercé*.   51. **altri**: un altro amante.   68-72. **Che quel vivo [...] trasforma**: è solo il desiderio dell'amante a conferire gli attributi della bellezza (*forma Le gratie*) all'amata, e a esaltare oltre modo la stessa (come fa appunto il poeta, richiamando le 'perle' e l'ostro'), perché questa illusione (*imaginata forma*) di bene è creata dall'innamorato stesso, cioè soltanto da chi si lascia trasportare dalla passione amorosa.   73. **ei signor di voluntarie voglie**: Amore signoreggia l'amante solo perché questi lo vuole, o come diremmo oggi, si autosuggestiona.   82-84. **d'alta tempesta le reliquie accoglio**: do rifugio a quanto è scampato dalla tempesta amorosa, come fa il timoniere che, avvisato dai primi segni di mare grosso, ripiega sul porto.   93. **fida tromba**: la canzone è *tromba,* poesia eroica, in quanto narra una battaglia vinta.

XLIII - 1. **L'aura d'amor**: la voce dell'amata, da intendersi probabilmente, come al n. XXX, dispiegata nel canto (*in amorose voci*) e non in espressioni indirizzate specificamente all'amante, consola le pene di lui. 7. **fortune**: fortunali, tempeste. 10. **figli di Leda**: Castore e Polluce, i Dioscuri; si chiamavano dioscuri i fuochi di Sant'Elmo, fuochi a due punte che compaiono nelle notti di burrasca sulle punte dei pennoni e degli alberi maestri, e che sono ritenuti felice presagio che annunzia la fine della tempesta.

XLV - 1-2. **gioconda Prigione**: l'abbraccio che lega i due amanti.   3-4. **Tiri gli spirti [...] asconda**: aspiri l'uno gli *spirti* (o più prosaicamente il fiato) che l'altro espira, e ne rapisca l'anima.   5. **Mova indiviso [...] e si trasfonda**: il soggetto è ancora Amore: le due quartine riassumono fedelmente la topica del bacio-fusione delle anime amanti tipica del petrarchismo platonizzante.

XLVI - 4. **Atamante**: fonte dell'Epiro di cui narra Ovidio che col decrescere della Luna desse fuoco al legno (*Met.,* XV 311-312).

XLIX - 3-4. **Quasi arida [...] spiri**: l'effetto del pianto versato dagli occhi *celesti* dell'amata sull'ardore dell'amante viene paragonato a quello della pioggia che *il ciel cortese* sparge su *arida terra,* rendendola fertile. 5. **suoi**: dell'amata. 6-8. **Fresch'aure [...] desiri**: i sospiri della donna leniscono le ferite prodotte dal *foco* dei suoi occhi, da cui il cuore *invaghito* appiccò (*apprese*) l'*eterno incendio* del suo desiderio.   12. **le sue dolci a le mie amare**: oltreché denotare la perfezione dell'amata e il dolore dell'amante, il pianto di lei è *dolce* in quanto (svolgendo la metafora della terzina precedente) *soavi fiumi* che scaturiscono dal *fonte de' leggiadri lumi*; amaro invece quello dell'amante, *gran mare* di pene d'amore.

L - 3-4. **non men vaga [...] dolente e bruna**: la bellezza dell'amata non riluce meno anche [ora che è] *dolente e bruna* di quanto non facesse prima, quando era *lieta e chiara*. 5-6. **Ella [...] rischiara**: l'amata rischiara con la propria bellezza le *nubi* di cui il dolore l'ha circondata.

LI - 10. **l'onde**: il pianto (dell'amata, dove Amore-fabbro tempra le armi, dopo averle scaldate nel fuoco dei suoi occhi).

LII - 12. **Acerba voglia**: aspra disposizione, quella di rendersi due volte colpevole, di aver incendiato il suo cuore e di averlo poi lasciato ardere senza intervenire in soccorso.

LIII - 1. **De la gran [...] il seno**: 'il seno fiorito della gran madre Idea', cioè Cibele, la 'Gran Madre' o la 'Madre degli Dei', personificazione della Natura adorata in Asia Minore (qui richiamata dal riferimento al monte Ida, nella Troade, e perciò *Idea*), spesso già dagli antichi considerata incarnazione frigia di Rea, madre di Zeus e degli altri dei; qui sta per la 'terra'.

LIV - 2. **il ciel**: il primo mobile, da cui dipende la rotazione della volta stellata (*Il corso eterno* [...] *di mille stelle*). 13. **catenata schiera**: gli amanti che trascina dietro di sé in trionfo (ma anche, più letteralmente, vista l'occasione del sonetto, la schiera di danzatori che la seguono nel ballo).

LV - Il sonetto fu probabilmente scritto per apparire *in limine* al manuale del Ferraro, *Il cavallo frenato*, che però venne pubblicato soltanto postumo (Napoli, Pace, 1602), e senza i versi del Pignatelli, per opera dei figli dell'Autore. La dedica, a Filippo III di Spagna, è firmata da loro, ma in essa si dichiara che l'intenzione di dedicare l'opera al Sovrano (*il nostro Giove* del sonetto) era già del padre, cosicché si spiega l'impiego del paragone tra Ferrero e Bellerofonte (che attirò l'ira del padre degli dei quando, montato su Pegaso, cercò di volare fino ai cieli). L'ultima pagina della succitata edizione del *Cavallo*, peraltro, reca una bella incisione raffigurante Pegaso al fonte Ippocrene. È probabile che fosse fatta per accompagnare il sonetto (non ha nulla a che fare né col testo, né con le altre illustrazioni dell'opera), ma che questo venisse eliminato per mancanza di spazio, o perché smarrito dalla bottega. 4. **de l'Occaso**: della morte. 9. **ornate e conte**: sembrerebbe un'endiadi ('conto' da *comptus*), ma vale la pena osservare come, riferendosi a un manuale che doveva essere (ed effettivamente fu) corredato da numerose incisioni, i due attributi delle *carte* potrebbero anche alludere, rispettivamente, alla bellezza delle illustrazioni, e alla perspicuità delle 'istruzioni per l'uso' ('conto' da *cognitus*).

LVI - 5. **habito**: contegno, atteggiamento. 8-11. **Quindi semplice [...] offende**: così, anche Amore deriva maggiore efficacia dalla naturalezza, che non dagli artifici, perché reca più offese presentandosi nudo, che non armato. 12. **quel che non sente**: lo sguardo suscita in altri quel che ella invece non prova, cioè l'innamoramento.

LVII - 5-8. **E dentro [...] noiose**: i verbi della seconda quartina dipendono ancora dal *sento* dell'*incipit*. 9. **ove s'annida**: il soggetto è sempre Amore.

LVIII - 5-6. **Ben vidi [...] la mano**: mentre il suono della sua voce blandisce il poeta, intanto che gli parla in *atto amico humano,* la donna scocca le frecce amorose; l'oggetto (il dardo scoccato dalla *fiera* [...] *mano* dell'amata) è sottinteso, e così anche forse la metafore di una donna-cacciatrice che si serve del suonorichiamo solo per attirare l'incauto amante (cfr. n. XXV). 8. **improviso e securo altri trabocchi**: improvvisamente, proprio quando si sente più sicuro (per il sentiero che appare *chiaro e piano*), un incauto amante può cadere nell'insidia (*lacci*) tesa per catturarlo.

LIX - 12-14. **Ahi, che lucente [...] il Sole**: il periodo, con forte e pregnante ellissi poetica, è da intendersi 'altrove un nuovo cielo si illuminerà, grazie alla notte che è caduta su di me con la tua partenza', concetto ripetuto e ampliato dall'immagine che segue di una nuova alba della donna-sole, che rischiara e ravviva non i luoghi ove risiede l'amante, ma *Altr'Oriente* (riportandoci così, circolarmente, all'*aurora* dell'*incipit*).

LX - 7. **con l'ali [...] aggiunge**: muovendosi con le ali che il desiderio gli ha fatto crescere. 14. **onde vivea lontano**: in cui viveva quando stava lontano dalla Donna.

LXII - 1. **lume**: gli occhi dell'amata, che l'amante fissa con i propri, concentrandovi tutte le forze dell'anima. 12-14. **Dunque aperto [...] pose**: l'amata potrà vedere chiaramente (*aperto*) nel suo sguardo ciò che l'anima *entro ascose,* cioè l'amore che egli non può esprimere con la lingua (muta proprio in quanto l'anima ha concentrato tutte le sue forze negli occhi).

LXIII - 5. **nuovo Alcide**: l'allusione è alle fatiche (gli *affanni* con cui si acquista fama) di Ercole. 7. **O mio [...] ardore**: 'O mio soave benefico fuoco!', riferito più che all'amore del poeta, che non potrebbe più 'beare' le alme che più ha attristato, al dio stesso Amore, laddove il possessivo *mio* indica nel poeta quasi una devozione di seguace. 11. **mesce**: soggetto è ancora Amore, come per i due successivi verbi del v. 12, mentre *ascenda* al v. 14 è prima persona, il poeta che può alzarsi, purificato, alla gloria di Amore.

LXIV - Il tema è quello topico della donna che, dapprima mostratasi benigna, ha poi mutato atteggiamento (*cangiato il primo volto*). Ma più che sul cambiamento di lei il sonetto si sofferma sul contrasto tra le dolcezze passate e le pene che il loro ricordo cagiona ora, sottolineato attraverso l'eco (quasi citazioni) di certa struggente nostalgia del Petrarca (si notino in particolare la *favola* del v. 6, e il *felice tempo* del v. 9, con le equilibratissime antitesi che li accompagnano, insolite in Pignatelli, ma comunissime in *Rerum Vulgarium Fragmenta*).

LXV - 5-6. **Veggo [...] che l'offende**: vedo i desideri, la disposizione (*gli affetti*) del mio cuore dissennato, di bramare solo *quel che l'offende*.

LXVI - Ferrante Carafa, Marchese di San Lucido (1509-1589), da non confondersi con l'omonimo Duca di Nocera, fu anch'egli uomo d'armi e di lettere. Malgrado la lunga vita, che lo fece quasi un contemporaneo del Pignatelli, è da annoverare nella seconda generazioni di poeti napoletani, assieme a Tansillo, Costanzo, Tarsia, e non tra i 'manieristi' della generazione immediatamente precedente al Marino. Poeta d'amore, ma soprattutto religioso nella vena cattolica riformata tipica dell'ambiente letterario partenopeo a cui appartenne assieme al Pignatelli, pubblicò *Rime spirituali* (Genova, Belloni, 1559), *L'Austria* (Napoli, Cacchi, 1572), catena 'epica' di sonetti narranti la vittoria cristiana a Lepanto, e *I sei libri della Carafé* (L'Aquila, Cacchi, 1580). Sposò in quarte nozze, sempre alla ricerca di un erede dopo la morte immatura dell'unigenito Federico, Faustina Capecelatro (ma non mi è riuscito di appurare la data del matrimonio, che però sarà assai tarda). 1-2. **Di furtiva beltà [...] fe' prede**: intendasi, 'Donna di una bellezza capace di furto [...] fece preda del cuore del Carafa' (tutto il sonetto è giocato sul bisticcio Latra/ladra). 12. **Salmace**: la ninfa amante di Ermafrodito, che chiese di essere unita a lui in un solo corpo. 14. **confusa**: lat., versata, sparsa.

LXVIII - 3. **lacci**: agguati o tranelli (mantenendo quindi la metafora 'militare' della *guerriera* d'amore).

LXIX - 1. **seno**: latinismo, veste, piega dell'abito. 4. **esca**: cibo. 9-11. **Ei dietro [...] aggiunge**: la descrizione del *mio sperar* che incita l'anima svolge la tradizionale metafora dell'anima-cavalcatura spinta da un cavaliere infido. 12-14. **Ma ben cadrà [...] e finta**: 'se un uguale struggimento è provocato da diletti reali o immaginati'. Nel presentare una passione amorosa (per quanto definita *empia* e destinata alla sconfitta) tutta puntata sul corpo della donna, il sonetto introduce una nota di, sia pur castigata, sensualità che testimonia di una più libera morale sessuale già attestata anche in altri sonetti, più di maniera, del canzoniere (cfr. XLIV, XLV, XCII, CVII e CVIII).

LXX - 6. **Et ei**: il *cor* del primo verso. 12. **Quei**: sempre il *cor*. 23. **Questi**: i componenti la *turba* del v. 19 (*pensier dolenti* [...] *sospir* [...] *lamenti*). 26-33. **Né così varie [...] almen conforto**: le forme del martirio amoroso mutano continuamente, onde infliggere sempre *nove pene* all'amante, ma non sono tanto varie che i dolori e i lamenti dell'amante non riescano ad adeguarsi ad esprimerle in tutta la loro varietà; così eloquenti, sono degni di fede, così che l'amante provi almeno la consolazione di sapere nota all'amata la sua sofferenza. 46. **Le sue doglie estreme**: l'agonia, che però sempre continua, e non porta mai la pace della morte. 56-58. **quella parte [...] L'altra**: la parte dell'anima *ai sensi ancella* è l'anima sensitiva della psicologia aristotelica, per cui l'altra dovrebbe essere l'anima razionale; ma trattandosi del pensiero che, a distanza, si raffigura l'amata, e la contempla, sarà più probabilmente l'immaginazione o fantasia (Aristotele, *De Anima* III 3) le cui operazioni impegnarono numerosi filosofi e teorici della letteratura del tardo Rinascimento (in particolare Francesco Patrizi); l'interpretazione trova sostegno nella stanza successiva, in cui si dice come *Ella* [la parte dell'anima non legata ai sensi] *da la memoria* [...] *Tragge talor le belle luci, e 'l volto*, perché proprio alla memoria Aristotele collegava l'operare dell'immaginazione; ma se è così, allora il concetto risulta filosoficamente (e teologicamente) eterodosso, in quanto (seppur solo indirettamente, per la similitudine della luna) sarebbe l'immaginazione, e non l'anima razionale, la parte *superna e pura* della mente. 60-64. **Come la luna allor**: la parte dell'anima che continua a 'vedere' l'immagine dell'amata, beandosi della luce di lei, viene comparata a quella faccia della luna che, in un'eclisse, è rivolta al sole, e continua quindi a brillare di luce riflessa, mentre l'altra, che guarda verso la terra, si oscura.

LXXI - Per quanto non rechi indicazioni in proposito, anche questo sonetto, come i precedenti XXX e XLIII, e il successivo LXXIV, parrebbe dedicato a una donna che canta. 4. **De i lumi [...] al canto**: con lo sguardo e con il canto. 10. **il voler**: qui nel senso non di desiderio, ma di libero arbitrio, forza di volontà (coppia fissa, secondo la morale cristiana, con la *ragion*), che l'amante, ammaliato dalla *Sirena, e maga,* non può più esercitare.   12-14. **Veggo il mio mal [...] volto**: vedo la mia perdizione, che origina dalle tue grazie, e *la mia morte,* cioè le pene amorose, che mi appare *ornata di sì belle forme* in quanto causata dal *tuo bel volto.*

LXXII - Il senso del sonetto, che svolge il tema dell'amore lecito e beatifico, non ha bisogno di elucidazioni, ma vale la pena di sottolineare la sua collocazione, subito dopo due testi che invece si soffermano su una visione dell'amore che lo contrappone implicitamente alla morale cristiana.   9. **affetti**: desideri.

LXXIII - 3. **denso, et oscuro**: attributi del cuore, che si oppongono antiteticamente a quelli precedenti (*lucido, e schietto*): le due coppie vengono così a rappresentare il 'prima' e il 'dopo' dell'effetto dello sguardo dell'amata, in quanto il cuore-specchio, privo di luce propria, l'acquista per virtù di lei.   6. **a prova**: in concorrenza (con la stessa amata, di cui è l'effigie).   7. **Hor vi dimostra**: mostra all'amata il suo stesso sembiante, come il solo degno oggetto dell'ammirazione di lei.   9-14. **Mirate [...] dispettosa e ria**: le terzine sembrerebbero proseguire nell'iperbolica adulazione dei versi precedenti, ma si tratta di un aggraziato e interessato scherzo, poiché ciò che è dato a vedere a lei nella propria immagine rispecchiata nel cuore dell'amante null'altro è che gli stati d'animo di lui, in quanto si vedrà bella e dolce quando egli la trova tale, brutta e crudele quando invece l'amante si sente rifiutato.

LXXIV - Il sonetto è caratterizzato dalla ripetizione di aggettivi chiave, secondo una maniera non altrove documentata in Pignatelli, che farà poi sua il Marino. 10. **assale**: il soggetto è l'*Amor* del verso successivo.

LXXV - Il ciclo di sette sonetti che si apre qui (il più esteso di tutte le *Rime*) tratta il tema convenzionale di un ripensamento religioso dovuto a malattia: ma a ben guardare, il loro significato complessivo è più ambiguo (ambiguità che ci si limita qui a segnalare, lasciando le possibili interpretazioni all'introduzione). Per quanto canonico il loro svolgimento, e quello del gruppo di rime 'in morte' che seguono (nonché lo sfruttamento, anche in questi frangenti, di un lessico e di un repertorio metaforico originanti dalla poesia amorosa), sorprende il fatto che non portino, nel seguito del canzoniere, all'altrettanto canonica sublimazione dell'amore terreno in divino, bensì a un rinnovato conflitto che, tra gli alti e bassi della passione, rimarrà irrisolto.   2. **però**: perciò.   3. **mi ferisce [...] unge**: nello stesso tempo mi ferisce e medica le mie ferite (ma visto il contesto sacro, è possibile anche un'allusione al sacramento dell'Estrema Unzione, che non cura il corpo morituro ma l'anima immortale).   6. **Divin consiglio**: divina saggezza, secondo i teologi il 'consiglio' era uno dei sette doni dello Spirito Santo, una virtù intellettuale volta a guidare l'uomo verso Dio, aiutandolo a distinguere tra il bene e il male.   7. **il senso**: i sensi, o per dirla con le scuole, l'anima sensitiva, qui praticamente sinonimo della carne.   9. **Ei**: il *senso* del v. 7.   12-13. **seco Le sue dolcezze**: rimangano con i sensi (che si spegneranno con la carne quando questa, fango, ritornerà ad essere terra inanimata) i piaceri ad essi collegati.   13. **e doglia, e ferro, e foco**: la morte che dovrebbe liberare lo spirito dalla schiavitù dei sensi ricongiungendolo a Dio (e i sostantivi costituiscono una specie di *dies irae* in miniatura).

LXXVI - 4. **cener freddo algente**: tale la malattia ha reso il poeta, non più cenere sotto la quale può ancora covare il fuoco della passione, ma ormai fredda, anzi gelata (*algente*). 7. **ei**: il *cor* del v. 2. 11. **due contrarie signorie**: quelle di Amore e di Morte. 12. **Tu [...] ella**: ancora, rispettivamente, amore e morte.

LXXVII - 3. **nel volto**: del poeta, che segnato dalla sofferenza diventa *insegna* del *triumphus mortis*. 5-8. **perch'eterno [...] sostegna**: per mantenere il proprio dominio sul poeta, paradossalmente la morte non lo fa perire, ma vuole che si sostenga in vita, seppure stretto nella sua morsa, come se la sua vita fosse necessario alimento (*esca*) di lei (e si noti come le si attribuisca l'atteggiamento proprio altrove di Amore). 10-11. **non più cruda [...] acerba**: altrettanto crudele nell'avere il sopravvento sul poeta, quanto aspra nel risparmiarlo. 12-14. **qual dannata [...] che dura**: la morte, assetata di sangue, riserva all'anima una vita breve e incerta, che è allo stesso tempo un lungo ed estenuante *morir* (paragonabile quindi alla prigionia di un condannato).

LXXVIII - Le quartine alludono chiaramente al Salmo 23, *Dominus regit me, et nihil mihi deerit: In loco pascuae ibi me collocavit* etc. 7. **certa**: sicura. 10-11. **toglie [...] gioia infinita**: la vita, con i suoi piaceri temporanei, lo priva della beatitudine eterna. 14. **amare doglie**: questa e altre espressioni (*duro stame, speri, o brame, breve piacer*) con cui si allude alla vita, usate altrove con riferimento al giogo amoroso, sembrerebbero indicare che anche qui (come più esplicitamente al n. LXXVI), sono le *lusinghe* terrene, soprattutto quelle dell'amore carnale, ad opporsi all'intervento pacificatorio, beatifico, della morte.

LXXIX - 1-4. **Corro [...] e declina**: *il viver* del poeta precipita come un ribollente torrente alimentato dal ghiaccio dell'alta montagna, le cui nevi (*alto giel*) si sciolgono. 12. **posi homai chi mi ritiene**: parrebbe un'esortazione generica, a chi si sta prendendo cura dell'infermo, a non tenerlo in vita inutilmente, prolungando la sua agonia, ma non è da escludere che si alluda invece all'amata, o all'amore terreno, a causa dei quali il poeta continua ad aggrapparsi a questa esistenza.

LXXX - 1-4. **Sorge [...] si solleve**: la speranza (*speme*) del poeta si innalza (*sorge*) in proporzione inversa al peso (*contr'a l'incarco*) dell'*acerbo, e greve [...] dolor* che pesa su di lui, così come fa[nno i piatti di] una bilancia (*qual lance suol*), uno dei quali è spinto in giù da un peso, mentre per conseguenza l'altro, ancora vuoto, si alza. 5. **qual fondata**: riferito alla *speme* del v. 2. 14. **E 'n poca gioia eterno mal nutrica**: ispirando in lui una momentanea gioia, la speranza gli prepara ('nutre') un'eternità di dolore (in quanto lo tiene legato alle cose terrene, *sub specie* del desiderio amoroso a cui sembrerebbero alludere, ancora una volta, la *speme alta, e sublime*, e la *superba mole* dei *nuovi desir*), mentre dovrebbe predisporre l'anima alla salvezza.

LXXXI - 3. **angue**: la malattia, ma anche Satana, implicitamente associati ambedue con gli amori terreni, in quanto altrove il serpente è *figura* della gelosia (XLII) o della donna crudele (IX). 11. **A suo perdono, e gloria tua mi vaglia**: valgano le sofferenze patite dallo *spirto* del verso precedente a fargli ottenere il perdono, e sia questa redenzione a maggior gloria del *Signor* del v. 5.

LXXXII - 2. **Fisse**: perfetto di 'figgere'; fissò, pose. 3. **colta**: coltivata (ma forse vi è un bisticcio con 'adorare', latino *colere*). 9-11. **Caduto è il pregio [...] ignuda sterpe**: la similitudine dell'*Arbor leggiadro* sfrondato dai venti d'inverno sembrerebbe sottolineare la natura incerta di questo pentimento amoroso, che potrebbe essere dovuto all'invecchiamento della donna, oppure alla 'vecchiaia' del legame amoroso, ormai esaurito (la pianta è in senso stretto l'amore che la donna ha suscitato nell'amante, non la donna).

LXXXIII - Il matrimonio tra Virginio Orsini, Duca di Bracciano, e la nipote di Papa Sisto V (Felice Peretti) avvenne nel 1589. 1. **gran Padre**: il pontefice.

LXXXIV - Fratello minore di Ascanio, Muzio Pignatelli morì appena trentenne sotto gli occhi del padre e (parrebbe) del fratello, quando nel 1579 cadde da cavallo durante un torneo. Fu oggetto di lodi iperboliche da parte dei contemporanei, compreso Torquato Tasso, che lo introdusse quale interlocutore nel dialogo *Il Porzio, overo de le virtù,* databile, secondo Ezio Raimondi, intorno al 1593, per cui si tratterà sicuramente di un omaggio, più che a Muzio, ad Ascanio. Peraltro, definendo Muzio "insigne astrologo, teologo, filosofo, matematico, architetto ed oratore, come pure elegante poeta" (alcuni sonetti apparvero postumi nelle *Rime et versi* per la Castriota) i contemporanei mirarono più al potenziale che non ai modesti esiti raggiunti in vita. 7. **Cingea**: il soggetto è la *corona*. 19. **parte**: divide. 33-36. **Può [...] in te la vita ?** : 'può la morte, mentre sembra pietosamente conservare me vivo e crudelmente uccidere te, dare invece, *a mia pena, e tua gloria,* a te la vita eterna [dello spirito in cielo], a me un'eterna morte [del dolore terreno] ?'. 37. **ti togli**: ti sottrai (al dominio del tempo). 39-40. **perché fra 'l lume [...] non m'accogli ?** : 'perché non mi accogli a far parte della tua gioia fra gli splendori celesti di cui riluci ?'. 42. **Novo Polluce**: dei due figli di Leda uno, il mortale Castore, venne ucciso; il fratello Polluce, figlio di Zeus, chiese allora di dividere con lui la propria immortalità, per cui passarono poi insieme metà dell'anno agl'inferi, e l'altra metà sull'Olimpo con gli altri dei; ma qui i ruoli vengono in qualche modo rovesciati, perché stando ai termini del paragone è il defunto Muzio che giunto in cielo dovrebbe condividere la sua immortalità con Ascanio (l'inversione, per cui morte equivale a immortalità, mentre è l'esistenza terrena a costituire la vera morte, era già implicita in tutto il ciclo di sonetti ai nn. LXXV-LXXXI *per la sua lunga infermità*). 46-47 **Al mio caduco infondi Ben poco**: infondi nel mio [corpo] mortale un poco del bene [di cui partecipi in cielo]. 51. **Felice fiamma**: il riferimento è ai fuochi di Sant'Elmo per cui vedi la nota al n. XLIII v. 10. 55-58. **E ben stella [...] in te riluce**: e davvero tu sei stella lucente di doppia luce, splendendo di luce propria, ma soprattutto di quella riflessa di *quel gran Sol,* la divinità. 59-61. **Questi l'inferme, [...] in atto**: la luce di Dio ravviva le facoltà intellettive, dono divino, che sono indebolite e scarsamente attive nell'uomo terreno (quindi, parlando in termini pseudo-filosofici, solo *potentia*) rendendo l'ormai beato Muzio *capace* in quanto in lui sono ormai, sempre secondo la filosofia scolastica, *in atto*. 62. **toglie**: prende e riproduce all'interno degli occhi (come voleva l'ottica del tempo e risulterà dalla similitudine che segue). 62. **dal Sol ch'a noi qui sorge**: dal sole che illumina gli uomini sulla terra (è l'inizio della similitudine tra l'astro e la luce divina). 63. **Occhio purgato a fatto**: l'occhio quando è perfettamente purgato (il riferimento è al cristallino, dalla cui purezza o trasparenza dipende la vista). 64. **onde lui scorge**: con cui l'occhio

purgato vede lui (il *Sole*).   65. **E ciò, che 'n altri e 'n sé di lume impresse**:
e tutto quello che il sole *impresse* (quello cioè che il sole rende visibile). 66. **al
tu' esempio**: di Dio, di cui l'uomo è immagine, e della cui luce riflessa l'uomo
giusto splende (*esempio* vale qui come modello, ciò da cui si prende esempio).
66-67. **le sue forme istesse Rendi**: rimandi indietro (a Dio, da cui deriva la tua
luce) la sua stessa immagine (come, appunto, lo specchio di cui ai versi successivi).
67-70. **che non diviso [...] spatio chiuso**: l'enfasi con cui si insiste su come la
divinità, nella sua infinita, indivisa grandezza si possa 'stringere' nel *poco angusto
spatio* dell'anima dei beati ricalca fedelmente ciò che i teologi (e ancor più i
predicatori) dicevano del mistero dell'Eucarestia.   74. **di se medesmo ei si compiace**: la divinità si compiace vedendosi riflessa in Muzio (e sicuramente, visto il
senso della stanza precedente, c'è in quel *si compiace* un'eco delle parole dello
Spirito Santo, al momento del battesimo di Cristo: *Hic est filius meus dilectus, in
quo mihi complacui* (Matteo, III 17).   77-84. **di quei rai [...] pria l'arse**: la lunga
metafora che segue si basa su una (mai però esplicitata) trasformazione dello
specchio da piano a concavo: la luce divina si raccoglie nel *cavo centro* dell'uo-
mo-specchio, onde viene rimandata a Dio concentrata dall'anima, *rivolta* solo *a
quel segno, quasi ad un punto,* che gli rende il fuoco *ond'ei pria l'arse* (immagine
che non sarà molto fedele all'ottica degli specchi parabolici come la compren-
diamo noi oggi, ma che corrisponde assai da vicino alla loro azione come la
spiega, per esempio, il napoletano Giovan Battista Della Porta nella sua *Magia
Naturalis,* pubblicata per la prima a volta a Napoli nel 1558, e poi in edizione
largamente ampliata nel 1589).   85. **si move**: soggetto è l'*Infinito splendor* del
v. 83, cioè Dio. 90. **Ella**: l'*alma* del v. 81. 91. **carcer**: il corpo, carcere dell'anima.
93. **qual parte suol**: anche questo concetto, tipico della filosofia naturale del
tempo, è reperibile in Della Porta.   99. **quinci**: di qui, durante la vita terrena.
109-110. **Fra quelle fiamme [...] hor lassi**: deponi ora gli *humani affetti*, inceneriti tra le fiamme d'amore terreno (il ricorso al *cor* e non all''alma', o allo 'spirito',
indica la diversa qualità di tali fiamme).   115. **come forma**: nel senso scolastico
di ciò che informa, impone la propria specificità sulla sostanza inerte (e anche
questa similitudine, del fuoco che imprime le proprie qualità sulle materie lavorate,
è concetto corrente di quella filosofia sperimentale che ebbe a Napoli, nel circolo
dellaportiano, uno dei maggiori centri tardo-rinascimentali).   124. **Né l'acque sue,
ma se medesma accresce**: la *stilla,* ricongiungendosi con il mare, di cui seguirà
inseparabile *i flussi e i moti,* non ne aumenta minimamente la quantità o la forza,
ma ne viene accresciuta, in quanto fa ora parte del tutto da cui prima era separata,
condividendone quindi tutte le virtù.   127. **suo sposo**: Dio (il soggetto di tutta
la stanza, ripreso implicitamente dalla precedente, è *l'alma*).   128-29. **quel, che
'n terra feo [...] santo Himeneo**: già in terra l'anima aveva contratto 'matrimonio'
con Dio (attraverso i sacramenti, a cui dà accesso la fede), unione che però si
consuma solo nell'aldilà (anche questa metafora, che appariva già in forma più
sintetica alla fine della stanza VI, per quanto comunissima, ha precise radici scrit-
turali, originando nel *Cantico dei cantici*).   136. **Parto**: non è del tutto chiaro
che cosa sia questo parto simbolico dell'unione dell'anima con Dio, probabilmente
il conseguimento del grado di beatitudine a lei, anima, specifico, dell'idoneità alla
chiamata a godere (v. 144) di quella *Celeste manna* della stanza successiva, *che
si varia e muta Ne i gusti altrui*. 145-152. **dolce e pretiosa cena [...] dal gran
fonte**: anche quelle della mensa celeste e del fiume della Grazia sono metafore

convenzionali (che si ricollegano all'Eucarestia) molto amate dai poeti religiosi dell'epoca, cattolici e non. 167-169. **Ivi [...] che la move**: mentre risuona l'armonia delle lodi del Signore, armonia che è egli stesso a muovere. 179. **i suoi talenti**: il riferimento è alla parabola scritturale dei talenti, che il bravo servo investe e raddoppia. 182. **benigno nume**: il fratello ormai beato, che intercederà per lui. 189. **lui**: il padre di Muzio e Ascanio, l'allora già attempato Marchese del Lauro.

LXXXV - **Anna di Toledo**: moglie di Pietro di Toledo, il cui intervento a Napoli, alla testa di una flotta spagnola, nel 1585 fu determinante nella sconfitta dell'eletto Starace (flotta al cui allestimento contribuì la nobiltà napoletana, tra cui anche il Pignatelli, per cui si veda sopra la nota biografica, e che passò poi a guerreggiare contro i pirati barbareschi, probabilmente con la partecipazione diretta di Ascanio).

LXXXVI - 5. **si chiude**: soggetto è *Amor* del verso seguente. 12. **qual Berenice**: la costellazione boreale detta 'Chioma di Berenice' (Berenice, moglie di Tolomeo III d'Egitto, si tagliò i capelli e li offrì in voto al tempio di Afrodite per il ritorno dello sposo dalla guerra: poiché nella notte la chioma sparì dal tempio, per consolare i sovrani indispettiti dal sacrilego furto, Callimaco scrisse il poemetto la cui invenzione poetica consistette nello spiegare la sparizione della chioma dicendo come il ben accetto voto fosse stato assunto in cielo per volontà della dea, sotto la forma della costellazione allora appena scoperta).

LXXXVII - **Antonio Miraballo**: non si hanno notizie di questo uomo d'armi, che si presume appartenesse all'omonima nobile famiglia napoletana, e avesse prestato servizio militare a fianco del Pignatelli sotto il comando di Alessandro Farnese (si veda il sonetto n. XCVI); trattandosi delle guerre di Fiandra, la sua scrittura sarà da porre non oltre il 1586. 1. **o chiaro e forte**: riferito, con lunghissima inarcatura del periodo, al *Giovane invitto* del v. 5. 2. **avaro**: lat., avido. 8. **a i tuoi**: ai propri compagni d'armi (e visti gli *exempla* che seguono, allude probabilmente a un eroico sacrificio). 9-14. **Tal parve [...] offrir se stesso**: la difesa del Ponte Subliciano da parte di Orazio Coclite è famosa; meno noto Publio Decio Mus (*Detio*) che, narra Livio, si lanciò nelle schiere dei Latini, sacrificando se stesso e i nemici uccisi agli dei di Roma.

LXXXVIII - 7. **Versi**: per quanto al singolare, soggetto sono la *doglia, e sdegno* del verso precedente, e oggetto, ellitticamente omesso, le lacrime, che sono sì (*ben*) *verace,* ma pure *picciol* segno dei sentimenti del poeta. 13-14. **e 'n loro empia [...] la memoria reste**: e resti [nelle lacrime del poeta] la memoria dell'amico defunto, *empia,* in quanto memoria della perdita (*danni*) che la sua morte ha comportato, ma *dolce* in quanto ricordo di un'amorevole amicizia.

LXXXIX - **Duchessa di Nocera Castriota**: cfr. il n. XXIII. Questo, e i seguenti due sonetti, furono inclusi nel florilegio di *Rime et versi in lode della Ill.ma et Ecc.ma S.ra D.na Giovanna Castriota* (per cui si veda sopra la nota bibliografica). 9. **Donna real**: non vocativo, ma apposizione di *Quel che lieta cantò* del v. 7, cioè nella Duchessa di Nocera si compendiano e si mostrano alla vista tutte insieme *come in vivace esempio* le glorie dei suoi avi; la Castriota è detta *real* in quanto discendente da Giorgio Scanderbeg che reclamava, oltre al titolo principesco, la sovranità sulla moderna Albania, opponendosi inutilmente agli Ottomani. 10-11.

Questa [...] vante: esorta l'età moderna a celebrare le lodi di lei, e a non invidiare all'antica il valore.

XC - 1. **in voi compiacque**: condiscese troppo indulgentelmente a se stesso per il piacere di ammirarvi. 11. **fede**: testimonianza.

XCI - 3-4. **Se di lei scarsa [...] la feste**: se, dimostrandovi avara (*scarsa*) della vostra bellezza, *la feste* inaccessibile ad altri, non vista *a i sensi* e non intesa *a i pensieri*. 5-6. **i pregi [...] vostro valor**: le vostre doti furono premio sufficiente a se stesse (e quindi la donna non si curò di sollecitare le altrui lodi). 7-8. **Qual mar [...] si reste**: come il mare, che riceve acque dai fiumi che in esso si riversano, ma senza che cresca il suo livello, rimanendo invece sempre pieno e sufficiente a se stesso. 9. **s'apra e si diffonda**: soggetto è la *beltà* del v. 2.

XCII - 9. **Ella beata**: l'*alma* del v. 6. 9. **spirti**: gli aliti uniti nel bacio. 11. **accolta**: ricevuta insieme, unita.

XCIII - 11. **annoi**: molesti. 12. **libri**: equilibri, controbilanci. 13. **altri**: in senso generico, omologo ai non specificati *servi suoi* del v. 9; chi proverà l'efficacia della legge della donna, la quale bilancia accuratamente affanni sicuri con piaceri incerti, godendo il bene dell'amore di lei allo stesso tempo che ne sentirà le pene.

XCIV - 1-5. **Di quel celeste [...] Trasse**: Amore, a guisa di ape, trasse dalle vaghe labbra [della donna] una stilla di quell'umore etc. 2. **Hibla**: i monti Iblei in Sicilia, celebrati nella letteratura classica per i fiori, e quindi per il miele.

XCV - 3-4. **Ch'a voi [...] corre**: l'amata è *felice meta* degli onori (*pregi*) e dei piaceri (*diletto*) dell'amante.

XCVI - **Duca di Parma**: Alessandro Farnese (1545-1592), Duca di Parma dal 1586, comandò le milizie spagnole prima nelle Fiandre (1577-1586, ed è probabilmente entro questo periodo che è da collocare il servizio militare ivi prestato dal Pignatelli), poi (1590-92) in Francia, dove cercò inutilmente di ostacolare l'allora ancora protestante Enrico di Navarra; nella tarda estate del 1592 fu ferito a Cau de Bec, dopo aver tolto l'assedio da Rouen: ferita non mortale che però, essendo stata trascurata, andò ad aggiungersi alle strenue fatiche della campagna, per cui fu costretto a ritirarsi ad Arras, dove morì il 2 dicembre 1592. 2. **Gallia i tuoi gigli, e i suoi**: 'veda la Gallia sconfitta spiegati al vento i tuoi gigli, abbattuti i suoi': i gigli, emblema della Francia e dei suoi re, figuravano anche sul blasone dei Farnese, che avevano ottenuto il diritto di portarli in virtù delle posizioni filofrancesi dei fondatori della dinastia ducale, papa Paolo III e suo figlio Pier Luigi (fatto che diede spunto all'*incipit* del famoso, e contestatissimo panegirico di Annibale Caro, *Venite all'ombra de' gran gigli d'oro*); ma non vi sembra qui ombra d'ironia, nel ricordare, seppure solo implicitamente, come le fortune del casato, fondate sulla Francia, si mantenessero poi grazie al *volte face* di Ottavio, figlio di Pier Luigi, e dello stesso Alessandro, che furono costantemente e coerentemente filospagnoli. 3. **l'immonde mense**: i semplici tavoli che nell'immondo' rito protestante avevano sostituito gli altari. 6. **Mostri**: i Giganti di cui al v. 12. 6. **ardisce**: il soggetto è la Gallia. 8. **in cui**: *nel braccio*, dal quale solo pare origini il timore dei Francesi (v. 10: *ch'indi ...*) 12. **vedrà**: il soggetto è ancora la Gallia. 12. **Giganti alteri**: presumibilmente Enrico di Navarra e i *grands* Ugonotti, qui paragonati ai Giganti che si ribellarono contro Giove. 13. **Sanguigna**: la *fatal destra* del Farnese.

XCVII - 5. **le gira**: le stelle degli occhi. 8. **ancide, e svelle**: uccide, strappandole dalle radici.

XCVIII - 8. **Né**: nel senso di *e non,* o anche *senza.* 9. **fu forza**: fu inevitabile. 9-11 **se l'affetto [...] il mio difetto**: l'affetto avrà anche ecceduto la giusta misura (i *modi* errati del v. 2), ma lo fece forse con l'intenzione di supplire, con l'intensità del sentimento, alla manchevolezza dell'amante. 13-14. **farsi amando [...] effetto**: l'amante adduce come scusa del suo comportamento che l'affetto nulla di più desiderava fare, oltrepassando i modi, che adeguarsi all'altezza della divina superiorità dell'amata (*suprema cagione*) configurandosi come suo sovrannaturale effetto.

XCIX - **Giulio Iasolino**: (anche Jasolino o Giasolino *ob.* 1620c.), fu medico e autore, oltre che di un testo di anatomia (*Quaestiones Anatomicae, et Osteologia Parva,* Napoli, Salviani, 1573), di un trattato *De rimedii naturali, che sono nell'Isola di Pithecusa, oggi detta Ischia,* Napoli, Cacchi, 1588; il sonetto del Pignatelli fu pubblicato *in limine* a questo. 2. **Gigante**: secondo la leggenda, Epopeo, il vulcano estinto del quale i 'bagni' d'Ischia costituiscono un residuo, era la tomba del gigante ribelle Tifeo. 5. **Esculapio**: dio della medicina (secondo Esiodo e Pindaro), oppure (secondo Omero) il 'medico senza colpa', mortale, ma istruito nell'arte dal centauro Chirone. 13. **risplendi**: forse da leggere come attivo, 'irradii', per non dar luogo a cambiamento di destinatario del vocativo (che altrimenti sarebbe la *Nobil virtù*). 14. **in queste carte**: cioè nel trattato del Iasolino, in cui compariva il sonetto.

C - 1. **Sacro ministro**: il poeta stesso, sacerdote del culto dell'amata per volontà di Amore, nella metaforica auto-descrizione su cui è giocato tutto il sonetto. 4. **sua vittima**: il cuore stesso del poeta è il sacrificio che offre all'amata, nel proprio petto-tempio (e si noti l'agile *rapportatio*). 12. **Ma fero nume**: la frase è esclamativa.

CI - 6. **Usa a l'alte su' imprese**: ben addestrata alle nobili imprese d'amore.

CII - 13. **scosse**: la *Vaga Donna,* con cambiamento di soggetto.

CIII - 3-4. **E de l'antiche [...] spente**: la cenere segna le vestigia del fuoco che arse l'amante, ormai da tempo spento e freddo. 9. **talor**: un tempo.

CIV - 2-4. **il tempo invola**: in quanto, col suo passare, condurrà inevitabilmente a termine la felice situazione che consente al poeta di godere dell'affabile presenza dell'amata. 4. **spatio [...] son vivo**: l'unico tempo degno del nome di 'vita' è quello in cui si intrattiene con la donna. 9-14. **Sii tu [...] i dì felici**: sia Amore a segnare il mio destino, facendo 'eternamente' benigni gli occhi del mio sole (congruentemente con la metafora) nello scandire i miei anni: da quelle stelle che guidano (astrologicamente) il mio corso, Amore mi destini soltanto giorni felici.

CV - 1-2. **L'armi tue [...] male ?** : 'le tue armi [consuete] sono le frecce, ma per-

ché, anche quando le scambi con altre (le *reti,* v. 4, a cui stai lavorando), il male
che mi fai rimane lo stesso ?'. Il complimento alla *bella man* dell'amata comporta
lo slittamento dalle immagini canoniche degli occhi che lanciano strali, e dei ca-
pelli-lacci che avvincono l'amante, a quelle ad esse strettamente collegate degli
aghi-dardi e della rete-trabocchetto, bell'esempio di trasformazione concettosa, e
se si vuole pre-barocca, del repertorio petrarchista.   3-4. **non men [...] hai tese**:
'non meno crudele quando tendi le *reti* che annodi, di quando spingi i dardi
[cioè l'ago con cui lavori la rete stessa].   6. **l'avorio**: le mani.   6. **tessi al cor
nodo:** i nodi della rete, che diventano nodo che avvince l'amante.   7. **Di lacci
armato**: la stessa rete, diventata ora i *lacci* con cui Amore lo assale (e lo fa suo
prigioniero).   14. **Ferito, e preso, e 'ncenerito**: riassume la sequenza completa,
per cui prima ferito e irretito dalle mani, l'amante fissa l'amata negli occhi, onde
verrà definitivamente incenerito.

CVI - 5. **scopre**: il soggetto è il *volto.*   7. **ritenne**: ancora soggetto è il *volto.*
9-11. **Ma sembra [...] e spinto**: la piena del dolore ingorga la fuoriuscita del
pianto e dei lamenti come un liquido ribollente (*humor*) in un alambicco dal
collo stretto, che facendosi vapore (*si confonde*) produce *suono roco indistinto*
(come di dolore), mentre l'emissione del vapore è rafforzata, e allo stesso tempo
ritardata, dalla forma dello *stretto vaso.*

CVII - Benché non riconosciuto come tale nell'indice dei capoversi, è il primo
di due sonetti dedicati ai tragici amanti Maria d'Avalos e Fabrizio Carafa, uccisi
dal marito di lei, Carlo Gesualdo principe di Venosa, nella notte del 16 ottobre
1590. L'avvenimento fu pianto in versi da quasi tutti i poeti del tempo collegati
all'ambiente napoletano (li ha raccolti Luigi Borzelli, *Notizie dei mss. Corona ed
il successo di d. Maria d'Avalos, principessa di Venosa e di d. Fabrizio Carafa
duca d'Andria, illustrato nelle poesie dei contemporanei,* Napoli, Paravia, 1891).
2. **aventuroso**: avventurato, felice, per la forza del legame con cui unì gli amanti.
3. **nova piaga**: non più una piaga amorosa, metaforica, bensì le pugnalate del
Gesualdo.   4. **di tue saette il segno**: il bersaglio (il cuore degli amanti) che
doveva essere riservato ad Amore.   5. **altri**: l'innominato marito.   7. **vale**: lat.,
'ha forza', 'può'; intendasi quindi che la crudele gelosia del marito è riuscita a
rovinare le dolcezze del *regno* amoroso, mescolando alla 'pace' di questo inusitate
violenze.   10. **faci**: della furia forsennata, in quanto le Furie, dee della vendetta,
erano rappresentate con torce nelle mani.   10. **i tu' ardori**: di Amore.   14. **avrà**:
il soggetto è la *beltà* (cioè Maria, già ammirata e corteggiata da tutti) che malgrado
i trionfi passati non riuscirà a spegnere o intiepidire la violenza del marito.

CVIII - Si tratta anche qui del 'successo' d'Avalos, in termini ancor più iperbolici,
elevandolo a martirio d'Amore.   2. **imbelle mano**: quasi certamente un riferimento al fatto che il Gesualdo, al contrario della maggior parte della nobiltà napoletana, non aveva mai esercitato il mestiere delle armi (ipotesi avallata dal fatto
che si neghino a questa mano *valore o prudenza,* virtù belliche per eccellenza).
9-10. **l'una [...] l'altra**: le *alme congiunte* del v. 7.   13. **glorioso acquisto**: vista
la quasi blasfema apoteosi dei due amanti, il calco tassesco non può essere casuale.

CIX - 7. **dal suo fin deluse**: le *speranze* ingannate, allontanate *dal suo* [loro]
fin, cioè rese vane dalla donna stessa.

CX - 5. **error**: sviamento, devianza dalla retta via.   7. **accoglie**: raccoglie.   10-11. **l'antiche fiamme acccese Spegne**: spegne le fiamme che furono lungo tempo accese.

CXI - 3. **Ove cadere [...] si tolse**: in cui (nei *lacci*) il cuore si gloriò di essere caduto.   8. **novo Alessandro**: il riferimento è allo scioglimento del nodo gordiano.   12. **quella parte**: la parte del cuore che l'amore aveva corrotto.   13-14. **nova [...] piaga**: la nuova piaga, cioè quella prodotta dalla rimozione del *putrido membro*, la parte non sana del cuore, cura quella *antica*, amorosa.

CXII - 2. **sostegno**: sostentamento.

CXIII - 4. **empie ben, né satia**: l'anima cerca sì di soddisfare il proprio desiderio, ma non riesce a saziarlo. 12-14. **Né di quell'esca [...] il core**: per l'ansia che prova anche nel momento in cui il suo amore viene corrisposto, l'amante non riesce a soddisfare i propri sensi, per cui in cuor suo non si trova più sicuro nel possesso ora (*più non have Già*), che è ricambiato, di quanto lo fosse prima, quando mendicava dall'amata qualche segno di benevolenza.

CXIV - 6. **in cui**: per mezzo del quale (il *desio*).   5-8. **Vivo [...] a duro imperio il seggio**: il desiderio è forte *Nemico interno* che ha stabilito nel petto la residenza del proprio comando.   10. **ei**: ancora il *desio*.   14. **Altra [...] aita sdegna**: il sonetto si chiude ancora sottolineando la circolarità della passione amorosa, in quanto lo stesso pensiero dell'amata che dovrebbe porgergli conforto, in realtà serve solo ad alimentare il desiderio.

CXV - 7. **riprende**: ammonisce, censura.   11. **avviva, e scalda**: soggetto è l'*ardore* del v. 9.

CXVI - **Maddalena**: per quanto non sia detto, sembrerebbe la descrizione-interpretazione di un quadro.   4. **grata [...] infusa**: gradita a lui ora che è *infusa* dalla sua Grazia.   6. **In più soave odor**: di profumo più soave dei balsami usati per ungere i piedi di Cristo. 10. **dice**: le terzine sono da intendersi come il senso dell'*amaro pianto* autoaccusatorio della donna.   12-13. **Sprezzi [...] la mente**: la mente, risanata, sprezzi il corpo, la *mondana forma* [che prima si preoccupava di abbellire] e si impegni ora ad 'ornare' la propria dedizione a Dio (oltre al senso letterale 'ornare' aveva anche quello traslato di purificare, ed è appunto purificandosi che l'anima si abbellisce e si prepara a diventare *sponsa Christi*).   13-14. **l'offese Beltà**: se prima Dio fu offeso dalla bellezza fisica di lei, per l'uso che ne aveva fatto.

CXVII - 3. **primo tuo**: il sepolcro dal quale risorse Cristo.   9. **i primi padri**: i patriarchi del Vecchio Testamento, che solo il sacrificio di Cristo liberò dall'Inferno.   12. **sciòglile**: le grazie, ovvero i *doni* divini del v. 8, che il poeta aveva volto a scopi terreni.   13. **per te**: da te.   14. **insegna**: usato transitivamente, il soggetto è *tu* [Signore], oggetto è *'l core*.

CXVIII - 7. **De le sue [...] diffusa**: scioltasi in pianto per via delle sue colpe.   8. **A tempo ben, se tardi**: ancora in tempo, sebbene tardi.   11. **a pena**: l'anima del poeta riconosce a stento in se stessa l'immagine divina che lo informa, tanto si è allontanata da Lui.

CXIX - 2. **Fallo**: riferito al peccato, *che provocò divino sdegno,* a causa del quale Cristo dovette morire sulla croce.

CXX - **Ascanio Piccolomini**: fu prima vescovo suffraganeo e poi arcivescovo di Siena (dal 1588 fino alla morte, avvenuta nel 1597); di lui ci sono pervenute una raccolta di *Rime* (Siena, Bonetti, 1594), che comprende così poesie d'amore giovanili come sacre e lugubri della matura età, e un volume di *Avvertimenti civili estratti da i primi libri degli Annali di Cornelio Tacito* (Firenze, Timan, 1609). La data del viaggio del Pignatelli a Siena ci è ignota, ma vista la materia platonicamente amorosa dell'altro scambio di sonetti tra i due (per cui cfr. il n. CXXI), e il fatto che del Piccolomini si sottolinei come le rime amorose fossero peccato di gioventù, sarà probabilmente da collocare in tempi di parecchio precedenti alla sua elevazione all'episcopato, e più vicini all'apprendistato letterario del Pignatelli presso l'Accademia degli Eterei (nella sua biografia del Pignatelli Luigi Ammirati ipotizza una data intorno al 1571); ciò contrasta però con la datazione degli altri sonetti d'occasione, e con il fatto che i contatti con almeno uno dei letterati senesi chiaramente erano ancora aperti negli anni novanta del secolo (si veda la nota al n. CXXIII). 2. **Sirena**: Partenope, personificazione poetica di Napoli. 3. **fortune**: fortunali, tempeste. 12. **chi ci strinse**: il riferimento non è del tutto chiaro, ma data la natura altamente letteraria dell'amicizia, sarà con tutta probabilità da identificarsi con *la Musa* del sonetto di proposta del Piccolomini, cioè la poesia tramite dello scambio di ricordi tra gli amici.

CXXII - **Scipione Bargagli**: (1540-1612), senese, fratello di Girolamo, autore del celebre *Dialogo de' giuochi*. Scrisse una raccolta di novelle strettamente modellata sull'opera del Boccaccio, *I trattenimenti* (composti prima del 1567, ma pubblicati a Venezia, Bernardo Giunti, solo nel 1587) e il *Turamino, ovvero del parlare e dello scrivere Sanese* (composto nel 1600, e pubblicato a Siena, dal Florimi, due anni dopo). 6. **cheto**: silenzioso, perciò senza contraddizione con il *non però quieto* del verso seguente. 8. **suo limo**: delle *valli* [...] *ime, e palustri Del pianto mio*. 12. **Né forza incontro**: né [ha] forza contro [di lei]. 14. **Ardea**: genere di airone (*ardea stellaris*) il cui volo altissimo Virgilio descrisse nei medesimi termini (*notasque paludes / deserit atque altam supra volat ardea nubem*; Geor., I 363-64).

CXXIII - **Verginio Turamini**: giureconsulto e letterato senese contemporaneo del Pignatelli, è noto soprattutto quale interlocutore del dialogo omonimo di Scipione Bargagli; di lui sono alle stampe, oltre al sonetto inviato al Pignatelli (riprodotto *in limine* alle *Rime,* e qui in appendice, p. 90), solo tre sonetti sacri inclusi nella *Sequentia de' morti di S. Tomasso d'Aquino,* Perugia, Bresciano, 1580. 3. **Pittor famoso**: solo, metaforicamente, in quanto ha *dipinto in* [...] *carte.* 7. **Vien**: avviene, ne consegue. 14. **Nobil pensier**: la laude poetica del Pignatelli composta dal Turamini, che vivrà immortale per la virtù del suo autore più che per quella del soggetto.

CXXIV - **Fabritio Marotta**: il poco che ci è pervenuto circa questo "soldato e poeta intelligente" lo dobbiamo ad Angelo Borzelli (*Fabrizio Marotta poeta tra il XVI e il XVII secolo,* Napoli, 1935), che ne raccolse le rime sparse tra collezioni a stampa (compresa quella per la Castriota), testi *in limine* (in particolare alla *Mergellina* di Giulio Cesare Capaccio) e manoscritti. Fu particolarmente legato a uno dei maggiori 'teorici letterari' napoletani, Sertorio Quattromani.   5. **la fera**: l'amata (il sonetto del Marotta, qui a p. 94, lodava il Pignatelli paragonandolo a Orfeo, capace di ammansire le fiere, ma questi risponde negando modestamente di essere capace di tanto).

CXXV - **Giovan Battista d'Alessandro**: nulla si sa di questo personaggio dell'ambiente napoletano dell'ultimo quarto del Cinquecento, di cui la proposta a questo sonetto (qui a p. 91) parrebbe essere l'unico testo a stampa. 5-6. **levarmi Pigro da me**: sollevarmi, benché pigro, al di sopra di me stesso. 10-11. **diverse l'opre [...] ripiene**: avranno l'effetto contrario a quello inteso le lodi di lui pronunciate dal D'Alessandro (*indegno Soggetto* per uno *stil soave*). 12-13. **Qual più presso [...] contrarii**: come ciascuno dei contrari, se posti a confronto, acquista maggior risalto dall'opposizione (*più [...] a parer viene*).

CXXVI - **Benedetto Dell'Uva**: (1540-1584c.), noto soprattutto per le lodi rivoltegli da Camillo Pellegrino nel *Carafa, overo dell'epica poesia*, il dialogo in cui si difendevano il primato della *Gerusalemme* tassesca e la pratica della 'locuzione artificiosa' (che apparve originariamente in appendice a *Parte delle rime di Benedetto dell'Uva, Giovan Battista Attendolo e Cammillo Pellegrino*, Firenze, Sermartelli, 1584), scrisse oltre alle poesie comprese in quella raccolta (sonetti amorosi di spiccato contenuto autobiografico scritti in gioventù) una serie di opere di carattere religioso-divulgativo ispirate ai principi contro-riformistici (*Le vergini prudenti, Il pensier della morte, Il Doroteo*, pubblicate in un unico volume, sempre a Firenze dal Sermartelli, nel 1582). La stesura delle stesse è successiva al suo ingresso nell'ordine dei benedettini cassinesi (1563), nei cui conventi di Capua, Cassino, Napoli e Sorrento passò quasi tutto il rimanente della vita (ritiro che non gli impedì però di mantenere contatti con tutti i letterati dell'ambiente partenopeo). Il sonetto di proposta di Dell'Uva, omesso dalle *Rime* del Pignatelli, venne pubblicato invece tra quelle dell'autore nella *Parte delle Rime* sovracitata (per il testo, si veda l'Appendice, p. 104). 2. **il Sol**: l'amata del poeta, cui però non veniva attribuito questo epiteto nella proposta di Dell'Uva.

CXXVII - 5-6. **Se de' begli occhi [...] non lice**: allude al fatto che le monache cantavano non viste nel coro della chiesa (o nella cappella conventuale); non essendo concesso ai laici che non fossero parenti stretti neanche parlare loro attraverso le grate claustrali, ascoltarne i concerti di musica sacra (che in teoria facevano parte delle sacre funzioni, ma si trasformavano spesso in occasioni di grande mondanità) era l'unico contatto che si poteva intrattenere con esse.

CXXVIII - 12-14. **Ahi fugga pur [...] si nega**: se desidera libertà il cuore fugga pure, perché altrimenti non avrà scampo e non potrà non cadere in trappola.

CXXIX - L'*errrata corrige* precedente il *colophon* dell'*editio princeps* circa questo sonetto nota: *havea da esser l'ultimo di tutti, & è posto qui* [cioè subito dopo il n. CXXVI] *per errore*. La svista è corretta nell'edizione del 1603, di cui seguo l'esempio. 7-8. **E quel [...] sia concesso**: sia concesso alle ceneri [del *lungo ardor* ormai da lungo tempo spento; o forse, con mossa petrarchesca, la tomba, con allusione all'ormai prossimo appressarsi della morte] quello che fu negato alle fiamme d'amore dallo sguardo della donna posato su di lui (*le luci* in lui *converse*).

APPENDICI

I - **Fra Giulio Carafa**: terzo figlio di Giovan Battista Carafa conte di Policastro, fu soldato e Cavaliere di Malta (per cui *Fra*). Oltre a un contributo alle *Rime* per la Castriota, scrisse (secondo il Minieri Ricci) *Li problemi di Aristotile tradotti in lingua volgare, Il Galeno [Galateo?] del Casa tradotto in lingua Castigliana, Historia Flandriae*, opere che non risultano nel *Censimento nazionale delle edizioni italiane del XVI secolo*, per cui probabilmente non furono mai pubblicate. 2. **sacro fonte**: l'Ippocrene. 3-4. **finge I gran Poemi**: compone una poesia di alto valore (o forse, intendendo 'fingere' nel senso di 'imitare', emula i classici della poesia volgare). 13. **al**: fino al.

II - **Pietro Antonio Caracciolo**: nulla si sa di questo personaggio che presumibilmente appartenne alla grande casata napoletana di quel nome.

III - Per il Piccolomini si veda la nota al n. CXX. 8. **Fetonte anco membrando**: malgrado mi ricordi del caso di Fetonte (per scongiurare il pericolo da lui recato al mondo conducendo il carro del Sole, Giove lo folgorò). 13. **Sebeto**: il fiumicello che passava vicino a Napoli, quindi, secondo l'uso poetico, la città stessa.

IV - 3-4. **E sovra [...] s'illustri**: grazie al Pignatelli il Sebeto supera qualsiasi (*qual*) altro fiume che scorra tra gemme e oro (come si favoleggiava del Gange); implicito è il contrasto con le *quasi onde palustri* dell'Arbia. 5. **Arbia**: il fiume che scorre vicino a Siena. 11. **Che tira [...] affrena**: come appunto il canto di Orfeo. 13. **tuono**: il risonare (qui nel senso generico dell'andamento della musica o armonia).

V - 11. **Per destra**: se non si vuole pensare a un refuso per *Pur destra,* si dovrà sottindere 'che sia'.

VI - 1. **maggior lume**: il sole. 7-8. **sue voglie Alte**: i suoi nobili desideri. 8. **disserra il ben del vero amante**: rivela in che cosa consista il fine vero [e moralmente lecito] dell'amore.

VII - 7-8. **sperarei [...] ne l'armi**: sembrerebbe un accenno al desiderio di celebrare in versi le virtù guerriere del Pignatelli, onde potergli offrire la meritata corona (si presume di quercia, non d'alloro); ma solo lo stesso Pignatelli, che unisce *L'animo altero* del soldato al *dir leggiadro* del poeta, sarebbe capace di tanto.

VIII - **Paolo Pacelli**: nacque ad Aversa intorno al 1537, fu chierico e autore di poesie, di cui alcune nella *Raccolta di rime di poeti napoletani* (Napoli, Parrino, 1701); e curò una silloge di *Rime* in morte di Ippolita Gonzaga (Napoli, Scotto, 1564). Iscritto all'Accademia degli Svegliati accanto al Pignatelli, i contemporanei lo lodarono come filosofo, teologo e oratore, nonché per i costumi esemplari. I testi e le notizie superstiti sono state raccolte da Angelo Borzelli, *Paolo Pacello d'Aversa, poeta e critico del secolo XVI*, Napoli, Stanziola, 1905. 1-4. **Quegli [...] sovente**: la nobile discendenza e le ricchezze per cui *il mondo* lo ritiene *beato* non lo trattennero mai dallo studio delle belle lettere.

IX - **Ascanio Ramirez**: figura quale interlocutore nel *Capece* di Pietro Antonio Corsuto (per cui si veda la nota successiva) ma non si hanno altre notizie di lui. 1-8. **Quella vaga [...] piaggia amena**: l'autore traccia quasi una sorta di breve storia della poesia lirica volgare che passa attraverso Petrarca (*Arno* e *Sorga*), Pietro Bembo (*Adria*) e Torquato Tasso (*Metauro*). Non è però da escludere, visti certi interessi dell'ambiente napoletano, che con *Arno* si alluda invece a Dante. 7. **Arethusa**: fonte che, come narra Ovidio (*Metamorfosi* v 639-641), dalla Grecia scorre a lungo *caecisque mersa cavernis* per poi riemergere in Sicilia. 14. **Al Re de' fiumi**: di consueto, nella tradizione rinascimentale italiana, il Po (ma non si spiega perché vi si associno qui due fiumi iberici, il Tago e l'Ibero, e uno, l'Indo, della penisola indiana: anch'essi sono ben documentati nella letteratura del tempo, ma nulla in ciò che ne dice, per esempio, l'*Iconografia* del Ripa serve a chiarire il loro inserimento in questo luogo).

X - **Pietro Antonio Corsuto**: nato a Saponara, nei pressi di Messina, nella prima metà del '500, si addottorò a Napoli, dove passò il resto della vita frequentando gli ambienti letterari del tempo, compresa l'Accademia degli Oziosi (per cui si presume fosse ancora in vita agli inizi del secolo successivo). È ricordato soprattutto per la sua critica di Dante, contenuta nel *Capece, overo le reprensioni* (Napoli, Salviani, 1592), in cui si fanno anche le lodi del Pignatelli. 2. **Perseo**: l'eroe figlio di Giove e di Danae, uccisore di Medusa e liberatore di Andromeda, che, per avere involontariamente colpito a morte l'avo Acrisio, però di dolore e fu da Giove per compassione assunto in cielo. 12-14. **Che 'n van [...] sottrarsi al pondo**: il riferimento è allo stratagemma adottato da Eracle (*di Libia il domator de' Mostri,* cioè del gigante Anteo) per liberarsi del peso della volta celeste restituendolo ad Atlante, quello di ingannarlo chiedendogli di sostituirsi a lui soltanto per il tempo necessario a porsi sulle spalle un cuscino: cioè, come Atlante, neanche Eracle potrebbe sostenere il peso dei *pregi* di cui al v. 10, e quindi nemmeno avrebbe potuto sottrarvisi.

XI - **Giovan Battista Marino**: superfluo ricordare il personaggio; basti notare come, secondo la biografia di Luigi Borzelli (cfr. *infra* note XXVII-XXVIII) fu accolto diciassettenne dal Pignatelli nell'Accademia degli Svegliati (1586), e due anni dopo addirittura da lui ospitato in seguito alla lite con in padre.

XIII - È il primo componimento a stampa del Pignatelli, pubblicato a Padova nel 1561 (per i particolari della silloge, cfr. la nota bibliografica) ma scritto forse, visto il riferimento al poeta napoletano Lodovico Paterno, ancor prima che il Pignatelli vi si recasse per iscriversi allo Studio. 12-14. **Di te scrivendo [...] rive**: parrebbe un riferimento all'opera di Lodovico Paterno, il maggiore poeta napoletano degli anni '60-'70 del secolo (ma più per la mole imponente della sua produzione, raccolta per la prima volta nel 1560 sotto il titolo assai suggestivo di *Nuovo Petrarca,* che non per la qualità assai modesta), anch'egli incluso tra gli autori delle *Rime* per la Spilimbergo; s'intenda: '[È] scrivendo di te, che Paterno agguaglia il divino Petrarca, rendendo famose le nostre rive [cioè il Sebeto] come già lo furono quelle dell'Arno'.

XIV - Esclusa la dedicataria delle *Rime de gli Academici Eterei,* Margherita di Valois, per evidenti ragioni cronologiche (morì nel 1574), questo componimento 'in morte', sarà presumibilmente dedicato a quella stessa "Signora Margherita" cui è anche indirizzato, sempre nelle *Rime* eteree, un sonetto di Stefano Santini. La canzone si svolge come il racconto di un sogno-visione (il *Miracol novo* del v. 5) apportatore di *sì gravosa salma di dolore* (vv. 7-8) che muove *paura e pietà* (v. 10) e si dipana attraverso una serie di mirabili immagini (ciascuna chiusa nello spazio di una stanza) accomunate dall'essere ognuna illustrazione di un prodigio che dapprima si propone come apoteosi di bellezza e di felicità per poi repentinamente capovolgersi in funesto epilogo di sventura, in un continuo alternarsi di meraviglia e delusione, speranza e dolorosa disillusione. Si inizia con l'immagine di un *sasso* (in cui è forse adombrato il sepolcro) che racchiude un *gentil foco*, subito spento da una *ria tempesta*; si continua con la vista d'*altero fiume* in cui si bagnano *amorose Dive*, ma un *gelo et ardor* improvvisi lo consumano fino a farlo scomparire; si passa poi a una *Pianta gentil*, le cui fronde, più degne di quelle dell'alloro o del mirto, si ergono al cielo e fan *contenti* della sua ombra *ben mille spirti*, fino a che il *furor de' venti* la abbatte a terra; poi, con evidente riferimento al nome della scomparsa, si ha l'immagine di una lucentissima gemma, la margarita, in grado di rischiarare il cielo, che sotto gli occhi del poeta ritorna dalla dimensione celeste *al suo terreno stato*; si continua con la visione di *Dolce, e vaga Sirena*, il cui canto è detto *celeste*, che un'ondata improvvisa manda a frangersi sugli scogli; si conclude infine con l'immagine di *leggiadra Donna*, di cui si sottolineano il fervore devozionale e la bellezza, che però, restando priva del suo *vigor* perché *empia doglia* l'ha spento, *privò di luce il mondo, Di vita lei, me di piacer profondo*. 2. **mio terreno, e grave**: il corpo. 7. **salma**: peso. 29. **alse**: gelò. 42. **raro**: di rado.

XVI - 6. **Anteo**: il gigante Anteo traeva la sua forza smisurata dalla terra: Ercole lo vinse sollevandolo dal suolo, e in tal modo rendendolo inerme.

XVII - **Scipione Gonzaga**: (1542-1593), figlio di Cesare marchese di Guastalla (ramo cadetto dei duchi di Mantova), studente a Padova dove nel 1563 fondò l'Accademia degli Eterei, fu poi ordinato sacerdote, e venne nominato prima Patriarca di Gerusalemme, poi (nel 1587) cardinale. Per i tipi della Panini di Modena Dante Della Terza ne ha recentemente riproposto, in anastatica, l'*Autobiografia*.

XVIII - Questo e i tre sonetti che seguono, assai diversi per tema e per stile da quelli delle *Rime*, si rifanno alla tradizione bucolica cinquecentesca, e potrebbero quindi essere, come le composizioni precedenti, rime giovanili rifiutate (magari da datare al rientro a Napoli, dopo gli studi patavini). Ma potrebbero ugualmente collegarsi direttamente al Marino 'boschereccio' e 'marittimo' della *Prima parte delle rime*. Numerose infatti sono le assonanze con versi mariniani, che si potrebbero spiegare con la comune discendenza, ma che potrebbero anche essere dovute a un esercizio bucolico svolto in comune dal giovane poeta e dal suo ormai più che maturo primo mecenate (posteriore quindi alla pubblicazione dell'*editio princeps*, e riconducibile agli anni 1592-96). La stessa collocazione nell'edizione 1603 dei quattro sonetti accanto a quelli che più nelle *Rime* si avvicinano alla 'maniera' del Marino parrebbe essere significativa in tal senso. Facile comprendere allora l'accusa dello Stigliani che nella sua prima raccolta Marino si facesse bello di vari sonetti scritti in realtà dall'ormai defunto suo primo mecenate; ma è inverosimile, visto che ci sarebbe sicuramente stato chi tra gli amici del

Pignatelli avrebbe riconosciuto e denunciato il plagio. Anzi, atteso che proprio nei mesi immediatamente precedenti la pubblicazione della vicentina il Marino entrava in contatto diretto con i letterati dell'area veneta, primo tra di essi quel Celio Magno Accademico Olimpico che figura anche tra i corrispondenti poetici del Pignatelli, c'è da chiedersi se il suo sonetto in morte di Ascanio, la riedizione delle *Rime* e l'inclusione di quattro sonetti così vicini a quelli del Marino non fossero in qualche modo collegati. 1-2. **arde rabbioso Sirio**: i giorni canicolari quando, in agosto, il sole sorge con il 'cane astrale', Sirio.

XX - 11. **Novello Glauco**: il pescatore Glauco mangiò un'erba (o un'alga) prodigiosa che lo rese immortale trasformandolo in dio marino: ma qui il mare è quello tormentato della 'navigazione amorosa' e l'immortalità non metafisica, ma poetica e terrena: attraverso il canto si ottiene di eternare il proprio nome.

XXI - 8. **ancor non colte**: anche non coltivate, non curate.

XXII-XXIII - I due sonetti vennero pubblicati nell'*Austria* di Ferrante Carafa (per cui si veda la nota al n. LXVI). La prima parte di quest'opera consiste di una 'corona' di sonetti narrante l'impresa di Lepanto; la seconda di una serie non meno numerosa di sonetti esortanti i principi cristiani e il fior fiore della nobiltà napoletana alla lotta contro l'Ottomano. In quest'ultima figurano, oltre che il sonetto del Carafa qui riportato (f. 14r), altri due indirizzati direttamente ad Ascanio, nel primo dei quali si auspica la guerra santa contro *il Barbaro crudel de l'Oriente*, mentre nel secondo si invita il destinatario a rallegrarsi, e ringraziare Dio, per la vittoria, nonché a pregare che ne seguano altre, fino alla definitiva sconfitta degli infedeli; un terzo sullo stesso argomento è rivolto al fratello Muzio. Seguono vari sonetti di risposta, tra i quali quello di Ascanio (f. 71r), poeta e milite allora di recente investitura, che evidentemente colse al balzo l'occasione per farsi meglio conoscere, rispondendo a nome del padre. Ambedue i componimenti sono databili al 1570 o alla prima metà del 1571, quando fervevano i contatti diplomatici prima, i preparativi poi, per armare la flotta cristiana.

XXII - 4. **farvi eterni [...] Lete**: eternare il vostro nome (con la poesia e i fatti d'armi), sottraendolo all'oblio della morte. 10. **i Re fidi**: i sovrani fedeli alla vera religione (che stavano allora negoziando la Lega anti-turca). 14. **Pastor santo**: il Papa (Pio V, Michele Ghislieri, fautore della Lega).

XXIII - 9-10. **qual cinse [...] Anfion Tebe**: secondo la leggenda, grazie a una lira avuta in dono dal dio Ermes, Anfione cinse Tebe di nuove e più ampie mura: al suono del magico strumento, le pietre si mossero da sole, adagiandosi dolcemente l'una sull'altra, fino a compiere l'opera.

XXIV - Il sonetto è tratto da *Scelta delle Rime di D. Benedetto dell'Uva, Giovan Battista Attendolo et Cammillo Pellegrino*, Firenze, Sermartelli, 1584, p. 48. 3-4. **nate [...] farse**: nate per farsi cenere con il tramonto di un sole (cioè dopo un solo giorno).

XXV-XXVI - Nella sua monografia Luigi Ammirati data la corrispondenza poetica con il Tasso (non si sa in base a quali ragioni) al soggiorno napoletano del 1588, presso il monastero di Monte Oliveto. Non se ne spiega però l'esclusione dalle *Rime*, alle quali avrebbe sicuramente dato grandissimo lustro, a meno che la materia, che esula alquanto dalla semplice cortesia o dal normale esercizio letterario, e verte su questioni ideologiche e personali non propriamente 'conformiste', non consigliasse una prudente autocensura; è certo comunque, dalle lettere tassiane, che i due si incontrarono a Napoli già nel 1588. I due sonetti vennero pubblicati per la prima, e unica, volta soltanto nel 1666 nel terzo volume delle *Opere non più stampate del Signor Torquato Tasso raccolte e pubblicate da Marc'Antonio Foppa* (Roma, Dragondelli, pp. 221-222).

XXV - 2. **Quella [...] altera parte**: l'anima intellettiva o razionale.   3. **questa**: l'anima sensitiva, che langue nel corpo.   4-5. **s'a te manca De l'una**: parrebbe sottinteso 'arte', cioè Febo è con te avaro dell'arte medica, grazie alla quale potrebbe risanare il corpo, *ignobil parte* (il Tasso si recò a Napoli, oltre che per rivedere il cielo della patria sorrentina, per due ragioni soprattutto: la questione giudiziaria del recupero della dote materna e il tentativo di recuperare la salute affidandosi alle cure del celebre medico Giovan Antonio Pisano), mentre è con te tanto generoso dell'arte poetica da rinvigorire il tuo spirito affranto.   13. **Questa Euridice**: l'anima sensitiva o, direttamente, *la spoglia [...] lacera, e frale* ; ma è notevole il fatto che anche in questo caso, come altrove nella poesia del Pignatelli, l'immortalità promessa non ha nulla a che vedere con l'aldilà cristiano e metafisico, ma è invece una terrena eternità della fama da assicurare *col chiaro canto* del v. 10.

XXVI - 4-5. **Veggio [...] e Marte**: l'elencazione astrologica è piuttosto curiosa, poiché se Saturno e Marte sono di consueto indicate come stelle malefiche (ma è evidente che attraverso Saturno il Tasso intendeva anche alludere ai tormenti dell'umor malinconico), Giove è invece stella benefica per eccellenza. L'allusione sarà dunque alle persecuzioni del potere, il che farebbe propendere per una datazione intorno all'epoca del primo viaggio tassiano a Napoli (1588), quando più aspra si fece la polemica coi Gonzaga.   5-6. **Né Febo [...] e bianca**: non è la fama poetica, tanto più ora che l'ispirazione vien meno, a potermi dare sicurezza contro i malefici influssi celesti, ma l'antica *Virtù* (quella tante volte rivendicata nelle lettere da Sant'Anna) e la fede abbracciata negli ultimi anni (il che suona quasi come riconoscere un certo opportunismo nella scelta).   10. **L'humil Consorte mia**: è ripresa l'immagine metaforica di Orfeo ed Euridice proposta nel sonetto del Pignatelli. 13. **Quel che trasse indi Teseo**: secondo la leggenda, Plutone imprigionò Teseo negli Inferi, donde lo liberò Eracle.   14. **Il mio Pluto**: il fato crudele che mi si oppone (come Plutone si era opposto a Teseo).

XXVII-XXVIII - Lo scambio, pubblicato per la prima volta da Angelo Borzelli nella seconda edizione della sua biografia mariniana (*Storia della vita e delle opere di G. B. Marino*, Napoli, 1927, pp. 24-25), proviene da un volume di poesie manoscritte già di Giovan Battista Manso, ora nella Biblioteca Nazionale di Napoli, Segnatura XIII.C.82. Impossibile una datazione più precisa che non quella degli anni in cui più stretto era il rapporto clientelare che vincolava Marino al Pignatelli (dall'iscrizione all'Accademia degli Svegliati nel 1586 all'ingresso nella famiglia di Matteo di Capua una decina d'anni dopo); l'assenza dei testi dalle *Rime* parrebbe significare che risalgano a una data posteriore al 1592, per quanto la materia assai convenzionalmente poetico-amorosa sia più verosimilmente da ricondurre agli inizi del rapporto tra i due poeti.

XXVII - 4. **il gran Tosco**: Petrarca.   13. **Augello**: la Fenice.

XXVIII - 1. **nova Fenice**: il poeta, rispondendo al Marino, che aveva a lui destinato l'immagine di una Fenice che trovi immortalità nel rogo d'amore, attribuisce invece alla *Donna* (v. 5) la figura.   5-8. **Donna [...] ne l'offese**: se questa donna non corrispose alla passione, né si mostra pietosa, avverrà almeno che una lode eterna compensi gli affanni, dal momento che ella (con forte iperbato) porta con le offese *dolcezza e conforto*.   10. **ch'ove [...] prescrive**: laddove ella mi condurrà a morte.

XXIX-XXXIII - La corrispondenza poetica venne pubblicata nelle *Rime di Celio Magno e Orsatto Giustiniano* (Venezia, Muschio, 1600, pp. 135-136 e 152). Oltre che uno scambio di sonetti, vi fu anche la spedizione di un ritratto del Magno, di cui trattano i sonetti XXXI-XXXII, dai quali si desume che i due non si conobbero mai di persona. Celio Magno (1536-1602), alto funzionario della Cancelleria veneziana, era anch'egli stato studente di legge a Padova. La datazione di questi testi può aggirarsi intorno al 1596, anno in cui il Magno inviò i sonetti al Menini per chiederne un parere (cfr. F. Erspamer, *Lo scrittoio di Celio Magno,* in *Il libro di poesia dal copista al tipografo,* a cura di M. Santagata e A. Quondam, Panini, Modena, 1989). Tra gli altri corrispondenti poetici del Magno, e dell'amico Giustiniani (grande animatore dell'Accademia Olimpica di Vicenza, e traduttore di Sofocle per lo spettacolo inaugurale del teatro accademico, per cui si veda anche la nota al n. XVIII dell'Appendice), figurano un amico senese del Pignatelli, Virginio Turamini, e un altro letterato dello stesso ambiente, Diomede Borghesi, che potrebbero essere il *trait d'union* tra di loro.

XXIX - 2. **Amor, che giunge [...] congiunge**: si potrà intendere 'Amore è capace di elevarci dalla terra al cielo, cosicché [per l'affetto che ti porto] io terreno sono in grado di congiungermi con te, celeste' (dove ovviamente il cielo amoroso di cui si parla è tutto poetico, non religioso); non è da escludere però che *Da terra* sia un errore tipografico per *La terra,* nel qual caso la similitudine sarebbe molto più semplice, e *giunge* sinonimo di *congiunge.*

XXXII - 1. **l'effigie**: si tratta del ritratto del Magno inviato in dono al Pignatelli. 5-6. **Che se [...] contese**: come verrà ulteriormente chiarito dalla prima quartina del successivo sonetto di risposta, i due poeti non si conobbero di persona; il ritratto sostituisce in certo qual modo l'atto di riverenza che il destino (*il ciel*) ha negato alle *bramose piante* del Magno.

XXXIII - 13. **È degli affetti [...] messo**: Amore fattosi latore dei sentimenti vivamente impressi nell'animo del Magno.

XXXIV - Si tratta sicuramente di una delle ultime composizioni di Ascanio (forse addirittura l'ultima), dato che la visita del Conte di Lemos a Roma avvenne nel marzo-aprile del 1600, un anno prima della morte del poeta. La pubblicò Giulio Cesare Capaccio, nel suo *Apparato funerale nell'essequie celebrate in morte dell'Illustriss. & Eccellentiss. Sig. Conte di Lemos Vicere,* Napoli, Carlino, 1601, p. 114 (il Conte morì il 19 ottobre dello stesso anno).   3-4. **non men [...] figlio**: dimostrarti discendente di grandi antenati non meno per le virtù da essi ereditate che per il legame naturale, di sangue.   5-6. **saggio [...] i tempi ingiusti**: saggiamente ci proteggi dalla minaccia di carestia (*periglio* [...] *di fame*) di questi tempi travagliati.   **7-8. i riposi [...] l'essiglio**: riporti a noi la tranquillità e l'onorato vivere antichi, precedentemente dimenticati o banditi.

INDICE

Volumi pubblicati

Parthenias – Collezione di poesia neolatina

P. BEMBO, *Carmina*,   £. 35.000

G. COTTA / A. NAVAGERO, *Carmina*,   £. 35.000

M. FLAMINIO, *Carmina*,   £. 50.000

F. BERNI / B. CASTIGLIONE / G. DELLA CASA, *Carmina*,   £. 30.000

Feronia – Collezione di poesia

B. ROTA,   *Egloghe pescatorie*,   £. 23.000

G. PRETI,   *Poesie*,   £. 27.000

B. BALDI,   *Egloghe miste*,   £. 22.000

B. TASSO,   *Rime*,   £. 50.000

Echo – Collezione di traduttori

L. LAMBERTI, *Poesie di greci scrittori*,   £. 38.000

R. NANNINI, *Epistole d'Ovidio*,   £. 38.000

D. STROCCHI, *Poesie greche e latine volgarizzate*,   £. 38.000

Alethes – Collezione di retorica

G. CAMILLO, *L'idea del Teatro e altri scritti di retorica*,   £. 50.000

F. CASSOLI, *Ragionamento sulle traduzioni poetiche /
    Discorsi d'un pappagallo e d'una gazza*,   £. 32.000

G. MUZIO, *Battaglie per difesa dell'italica lingua*,   £. 44.000

Scrinium – Preziosità letterarie proposte da G. Bárberi Squarotti

S. ERRICO, *Sonetti e Madrigali*,   £. 20.000

L. LEPOREO, *Leporeambi*,   £. 28.000

G.A. SCHIOPPI / A.F. RAINERI, *Commedie*,   £. 24.000

A. TESAURO, *La sereide*,   £. 25.000

G. FONTANELLA, *Ode*,   £. 32.000

G. SALOMONI, *Ode*,   £. 38.000

G. CASABURI URRIES, *Le Sirene*,   £. 30.000

Edizioni Res

C. P. 74 – 10099 SAN MAURO TORINESE
Tel. (011) 8226316 – Fax (011) 2238164

I prossimi titoli

Parthenias – Collezione di poesia latina umanistica

F. M. MOLZA, *Elegiae et alia* (A cura di Massimo Scorsone)

Echo – Collezione dei traduttori

L. ALAMANNI, *Antigone* (A cura di Francesco Spera)

Alethes – Collezione di retorica

M. PEREGRINI, *Delle acutezze* (A cura di Erminia Ardissino)

Scrinium – Preziosità letterarie
scelte da Giorgio Bárberi Squarotti

R. NANNINI, *Rime* (A cura di Ivana Montemurro)

A. BASSO, *Rime* (A cura di Salvatore Consoli)

Stampato su carta *acid free* Fabriano
Turingraf – Torino